시원스쿨 **여행**

스페인어

시원스쿨어학연구소 지음

S 시원스쿨닷컴

시원스쿨

여행 스페인어

초판 1쇄 발행 2024년 6월 26일

지은이 시원스쿨어학연구소
펴낸곳 (주)에스제이더블유인터내셔널
펴낸이 양홍걸 이시원

홈페이지 www.siwonschool.com
주소 서울시 영등포구 영신로 166 시원스쿨
교재 구입 문의 02)2014-8151
고객센터 02)6409-0878

ISBN 979-11-6150-859-7 10770
Number 1-511212-25252500-08

목차 CONTENTS

이 책의 구성 및 활용

미리 보는 여행 스페인어 사전

급할 때 바로 찾아 말할 수 있도록 단어와 문장을 가나다 사전식으로 구성하였습니다.

상황별 단어

공항, 호텔, 식당 등 여행지에서 자주 쓰는 어휘를 한눈에 보기 쉽게 정리하였습니다.

상황별 표현

여행에 꼭 필요한 필수 표현들만 엄선하여 수록하였습니다. 스페인어를 몰라도 말하기가 가능하도록 한글 발음을 표기하였습니다.

테마별 단어 정리집 PDF

테마별 주요 단어들을 이미지
와 함께 PDF로 제공합니다.

스페인 · 중남미 여행 정보 PDF

스페인어권 여행과 관련된 다
양한 정보를 PDF로 제공합니
다.

테마별 단어 정리집 PDF & 여행 정보 PDF

시원스쿨 스페인어(spain.siwonschool.com)
홈페이지 ▶ 학습지원센터 ▶ 공부자료실 ▶ 도서
명 검색한 후 무료로 다운로드 가능합니다.

미리 보는
여행 스페인어 사전

필요한 단어와 문장을 한글 순서로 제시하였습니다.
원하는 문장을 바로바로 찾아 말해 보세요.

실수하기 쉬운
스페인어 발음 TOP5

01 j / g
J와 G가 "ㅎ"으로 발음될 때는 목구멍을 좁혀 주는 소리 [ㅎ]로 발음합니다. 가래를 뱉을 때처럼 터프하게 [ㅎ]라고 발음해 주세요.

> ja [하] je [헤] ji [히] jo [호] ju [후] / ge [헤] gi [히]
> 주스 jugo [후고] 카드 tarjeta [따르헤따] 시계 reloj [르렐로흐]

02 ll
스페인어에는 L이 두 개 겹쳐져 있는 철자가 있습니다. lla [야], lle [예], lli [이~], llo [요], llu [유]로 발음합니다.

> 도착하다 llegar [예가르] 열쇠 llave [야베] 비 lluvia [유비아] 거리 calle [까예]

03 ñ
N 위에 물결 표시가 되어 있는 철자입니다. ña [냐], ñe [녜], ñi [니~], ño [뇨], ñu [뉴]로 발음합니다.

> 남자 어린이 niño [니뇨] 화장실 baño [바뇨] 스페인 España [에스빠냐]

04 r / rr
R이 문장 맨앞에 오거나, 두 개로 겹쳐 있을 경우 혀를 떨어 발음합니다. 본 책에서는 이 발음을 [ㄹㄹ]로 처리하였습니다. '따르릉~~!'이라고 할 때처럼 확실하게 혀를 떨어 발음해 주세요.

> 선물 regalo [르레갈로] 탄산음료 refresco [르레프레스꼬] 개 perro [뻬ㄹ로]

05 c / z
C와 Z가 "ㅆ"로 발음될 때 스페인에서는 [θ]로, 중남미에서는 [ㅆ]로 발음합니다. 본 책에서는 편의상 [ㅆ]로 표기법을 통일하였습니다.

> 맥주 cerveza [쎄르베싸] 도시 ciudad [씨우닷] 여우 zorro [쏘ㄹ로]

스페인어가 쉬워지는 발음 Tip
한국어 독음 중 진하게 되어 있는 부분에 강세를 주어 읽어 주세요.

빨리찾아

09	식사	comida [꼬미다]
10	담요	manta [만따]
11	슬리퍼	zapatillas [싸빠띠야스]
12	입국신고서	tarjeta internacional de embarque-desembarque [따르헤따 인떼르나씨오날 데 엠바르께-데쎔바르께]
13	세관신고서	registro y declaración de aduana [ㄹ레히스뜨로 이 데끌라라씨온 데 아두아나]
14	펜	bolígrafo [볼리그라포]
15	기내 면세품	productos libres de impuestos [쁘로둑또스 리브레스 데 임뿌에스또스]

기내에서

01 좌석

asiento
[아씨엔또]

· 당신 자리인가요?
에스떼 에스 쑤 아씨**엔**또?
¿Este es su asiento?

· 제 자리인데요.
에스떼 에스 **미** 아씨**엔**또.
Este es mi asiento.

· 제 자리 어딘가요?
돈데 에스**따** 미 아씨**엔**또?
¿Dónde está mi asiento?

02 이거

esto
[에스또]

· 이거 뭐예요?
께 에스 **에스**또?
¿Qué es esto?

· 이거 가져다주세요.
뜨라이가메 **에스**또, 뽀르 파보르.
Tráigame esto, por favor.

· 이거 안돼요.
에스또 노 푼씨오나.
Esto no funciona.

· 이거 치워 주세요.
예베쎄 에스또, 뽀르 파보르.
Llévese esto, por favor.

· 이거 바꿔 주세요.
데메 오뜨로 누에보 데 에스또, 뽀르 파보르.
Deme otro nuevo de esto, por favor.

03 안전벨트

cinturón de seguridad
[씬뚜론 데 쎄구리닷]

· 당신의 안전벨트를 매세요.
아브로체세 엘 씬뚜론 데 쎄구리닷, 뽀르 파보르.
Abróchese el cinturón de seguridad, por favor.

· 제 안전벨트가 헐렁해요. 미 씬뚜**론** 데 쎄구리**닷** 에스**따** 플로호.
Mi cinturón de seguridad está flojo.

· 제 안전벨트가 타이트해요. 미 씬뚜**론** 데 쎄구리**닷** 에스**따** 아쁘레**따**도.
Mi cinturón de seguridad está apretado.

04 화장실 🚹🚺 baño
[바뇨]

· 화장실이 어디예요? **돈**데 에스**따** 엘 **바**뇨?
¿Dónde está el baño?

· 누가 화장실에 있나요? **아**이 알기엔 엔 엘 **바**뇨?
¿Hay alguien en el baño?

· 이거 화장실 줄인가요? 에스**따** **에**스 라 **필**라 **빠**라 엘 **바**뇨?
¿Esta es la fila para el baño?

TIP 공중화장실은 servicio[쎄르비씨오]

기내 30p   공항 46p   거리 70p   택시&버스 86p   전철&기차 100p

05 헤드폰 🎧

auriculares
[아우리꿀라레스]

· 헤드폰 가져다주세요.

뜨**라**이가메 아우리꿀**라**레스, 뽀르 파**보**르.

Tráigame auriculares, por favor.

· 헤드폰이 안 되는데요.

미스 아우리꿀**라**레스 **노** 푼씨**오**난.

Mis auriculares no funcionan.

· (잭을 보여주며) 어디다 꽂아요?

돈데 바 **에**스또?

¿Dónde va esto?

06 불 💡

luz
[루스]

· 불 어떻게 켜요?

꼬모 엔씨**엔**도 라 루스?

¿Cómo enciendo la luz?

호텔 118p   식당 152p   관광 186p   쇼핑 214p   귀국 234p

· 불이 너무 밝아요.

라 루스 에스**따** 데마씨아도 브리
얀떼.
La luz está demasiado brillante.

· 불 좀 꺼주세요.

아**빠**게 라 루스, 뽀르 파**보**르.
Apague la luz, por favor.

07 냅킨

servilleta
[쎄르비예따]

· 냅킨 좀 주세요.

데메 쎄르비**예**따스, 뽀르 파보르.
Deme servilletas, por favor.

· 냅킨 좀 더 주세요.

데메 **마**스 쎄르비**예**따스, 뽀르 파
보르.
Deme más servilletas, por favor.

bebida
[베비다]

· 마실 거 주세요.

데메 **알**고 데 베**베**르, 뽀르 파**보**르.
Deme algo de beber, por favor.

· 물 주세요.

데메 **아**구아, 뽀르 파**보**르.
Deme agua, por favor.

· 오렌지 주스 주세요.

데메 **쑤**모 데 나**랑**하, 뽀르 파**보**르.
Deme zumo de naranja, por
favor.

· 콜라 주세요.

데메 **우**나 **꼬**까 **꼴**라, 뽀르 파**보**르.
Deme una Coca-Cola(코카콜라),
por favor.

· 사이다 주세요.

데메 운 에스**쁘라**잇, 뽀르 파**보**르.
Deme un Sprite, por favor.

· 커피 주세요.

데메 운 카**페**, 뽀르 파**보**르.
Deme un café, por favor.

· 맥주 주세요.　　　　　　데메 **우**나 쎄르**베**싸, 뽀르 파**보**르.
　　　　　　　　　　　　Deme una cerveza, por favor.

· 와인 주세요.　　　　　　데메 운 **바**쏘 데 **비**노, 뽀르 파**보**르.
　　　　　　　　　　　　Deme un vaso de vino, por
　　　　　　　　　　　　favor.

TIP 스페인어에서는 cola[꼴라]가 '꼬리'를 뜻하기도 하므로 콜라를 시킬 때에는 정
확한 브랜드명을 이야기하는 것이 좋다.

09 식사 comida
[꼬미다]

· 식사가 언제인가요?　　　아 **께 오**라 쎄 **씨**르베 라 꼬**미**다?
　　　　　　　　　　　　¿A qué hora se sirve la comida?

· 식사가 무엇인가요?　　　**께** 띠**에**네 데 꼬**메**르?
　　　　　　　　　　　　¿Qué tiene de comer?

· 식사 나중에 할게요.　　　꼬메**레 마**스 **따**르데.
　　　　　　　　　　　　Comeré más tarde.

· 지금 저 식사할게요.　　　꼬메**레** 아**오**라.
　　　　　　　　　　　　Comeré ahora.

10 담요

manta
[만따]

기내

· 저 담요 없어요.

노 뗑고 만따.
No tengo manta.

· 담요 가져다주세요.

뜨라이가메 우나 만따, 뽀르 파보르.
Tráigame una manta, por favor.

· 저 담요 하나만 더 주세요.

뜨라이가메 우나 만따 마스, 뽀르 파보르.
Tráigame una manta más, por favor.

TIP 담요를 멕시코에서는 cobija[꼬비하]

---

11 슬리퍼

zapatillas
[싸빠**띠**야스]

· 슬리퍼 있어요?

띠에네 싸빠띠야스?
¿Tiene zapatillas?

· 이 슬리퍼 불편해요.

에스따스 싸빠**띠**야스 쏜 인**꼬**모다스.

Estas zapatillas son incómodas.

TIP 슬리퍼를 중남미에서는 pantuflas[빤뚜플라스]

12 입국신고서 ▤▤

tarjeta internacional de embarque-desembarque

[따르**헤**따 인떼르나씨오**날** 데 엠**바**르께-데쎔**바**르께]

· (입국 신고서를 가리키며) 이것 작성 좀 도와주세요.

아유데메 아 ㄹ레예**나**르 에스또, 뽀르 파**보**르.

Ayúdeme a rellenar esto, por favor.

· (입국 신고서를 보여주면서)
이 신고서 한 장 더 주세요.

데메 **오**뜨라 **오**하 누**에**바, 뽀르 파
보르.

Deme otra hoja nueva, por
favor.

13 세관신고서 📋

**registro y declaración
de aduana**

[ㄹ레**히**스뜨로 이 데끌라라씨**온** 데 아
두**아**나]

· (세관 신고서를 가리키며)
이것 작성 좀 도와주세요.

아**유**데메 아 ㄹ레예**나**르 에스또,
뽀르 파**보**르.

Ayúdeme a rellenar esto, por
favor.

· (세관 신고서를 보여주면서)
이 신고서 한 장 더 주세요.

데메 **오**뜨라 **오**하 누**에**바, 뽀르 파
보르.

Deme otra hoja nueva, por
favor.

14 펜

bolígrafo
[볼리그라포]

· 펜 좀 빌려주시겠어요?

메 쁘**레**스따 쑤 볼리그라포, 뽀르 파**보**르?
¿Me presta su bolígrafo, por favor?

· 이 펜 안 나와요.

에스떼 볼리그라포 **노** 삔따.
Este bolígrafo no pinta.

· 다른 펜으로 주세요.

데메 **오**뜨로 볼리그라포, 뽀르 파**보**르.
Deme otro bolígrafo, por favor.

15 기내 면세품

productos libres de impuestos
[쁘로둑또스 리브레스 데 임뿌에스또스]

· 기내 면세품 좀 보여 주세요.

무에스뜨레메 로스 쁘로둑또스 리브레스 데 임뿌에스또스, 뽀르 파보르.
Muéstreme los productos libres de impuestos, por favor.

· 신용카드 되나요?

아쎕따 따르헤따스 데 끄레디또?
¿Acepta tarjetas de crédito?

· 달러 되나요?

아쎕따 돌라레스?
¿Acepta dólares?

위급상황

· 저 두통이 있어요.

뗑고 돌로르 데 까베싸.
Tengo dolor de cabeza.

· 두통약 좀 주세요.

데메 빠스띠야스 빠라 엘 돌로르
데 까베싸, 뽀르 파보르.
Deme pastillas para el dolor de
cabeza, por favor.

· 저 복통이 있어요.

뗑고 돌로르 데 에스또마고.
Tengo dolor de estómago.

· 복통약 좀 주세요.

데메 빠스띠야스 빠라 엘 돌로르
데 에스또마고, 뽀르 파보르.
Deme pastillas para el dolor de
estómago, por favor.

· 저 어지러워요.

에스또이 마레아도/다.
Estoy mareado/a.

· 저 아파요.

에스또이 엔페르모/마.
Estoy enfermo/a.

· 저 (비행기) 멀미나요.

뗑고 마레오스 엔 엘 아비온.
Tengo mareos en el avión.

빨리찾아

공항에서

01 게이트

puerta de embarque
[뿌에르따 데 엠바르께]

· 제 게이트를 못 찾겠어요.

노 엔꾸엔뜨로 미 뿌에르따.
No encuentro mi puerta.

· 98번 게이트는 어디에 있어요?

돈데 에스**따** 라 뿌**에**르따 노**벤**따 이 **오**초?
¿Dónde está la puerta noventa y ocho?

TIP 탑승권에서 자신이 가야 할 게이트 숫자를 확인하고, puerta[뿌에르따] 뒤에 숫자를 붙여 말한다. 숫자를 말하기 어려우면 탑승권을 직원에게 보여주며, ¿Dónde está esta puerta?[돈데 에스따 에스따 뿌에르따?]라고 하면 된다.

호텔 118p   식당 152p   관광 186p   쇼핑 214p   귀국 234p

02 탑승 🛫

embarque
[엠바르께]

· 탑승 언제 해요?

꾸안도 꼬미**엔**싸 엘 엠바르**께**?
¿Cuándo comienza el
embarque?

· 탑승하려면 얼마나
기다려요?

꾸안또 띠**엠**뽀 네쎄**씨**또 에스뻬라
르 **빠**라 엘 엠바르**께**?
¿Cuánto tiempo necesito
esperar para el embarque?

03 연착 🕐

retraso
[ㄹ레뜨라쏘]

· 제 비행기 연착됐어요?

에스**따** ㄹ레뜨라**싸**도 미 부**엘**로?
¿Está retrasado mi vuelo?

· 왜 연착됐어요?

뽀르 **께** 에스**따** ㄹ레뜨라**싸**도 미
부**엘**로?
¿Por qué está retrasado mi
vuelo?

· 언제까지 기다려요?

아스따 꾸안도 **뗑**고 께 에스뻬**라**
르?
¿Hasta cuándo tengo que
esperar?

04 다음 비행 편 siguiente vuelo
[씨기**엔**떼 부**엘**로]

· 다음 비행기는 언제예요?

꾸안도 에스 엘 씨기**엔**떼 부**엘**로?
¿Cuándo es el siguiente vuelo?

· 다음 비행 편은 어떤 항공
사예요?

데 **께** 아에로리네아 에스 엘 씨기
엔떼 부**엘**로?
¿De qué aerolínea es el
siguiente vuelo?

· 다음 비행 편은 얼마예요?

꾸안또 꾸에스따 엘 씨기**엔**떼 부
엘로?
¿Cuánto cuesta el siguiente
vuelo?

51

· 기다렸으니까 좌석 업그레이드해 주세요.

에 에스뻬라도 **무초 띠엠뽀**. **아가메 운 아쎈소 그라띠스 데 끌라쎄**.
He esperado mucho tiempo.
Hágame un ascenso gratis de clase.

05 면세점

tienda libre de impuestos
[띠엔다 리브레 데 임뿌에스또스]

· 면세점 어디예요?

돈데 에스딴 라스 띠엔다스 리브레스 데 임뿌에스또스?
¿Dónde están las tiendas libres de impuestos?

· 면세점 멀어요?

에스**따 레호스** 데 아**끼** 라 띠엔다 **리브레** 데 임뿌에스또스?
¿Está lejos de aquí la tienda libre de impuestos?

06 환승

transbordo
[뜨란스보르도]

· 저 환승 승객인데요.

쏘이 빠싸**헤**로/라 엔 뜨란스**보르도**.
Soy pasajero/a en transbordo.

· 환승 라운지 어디예요?

돈데 에스**따** 라 **쌀**라 데 뜨란스**보르도**?
¿Dónde está la sala de transbordo?

· 경유해서 마드리드로 가요.

아고 뜨란스**보르도 빠**라 이르 아 마드**릿**.
Hago transbordo para ir a Madrid.

07 출입국 관리소 oficina de inmigración
[오피씨나 데 인미그라씨온]

· 출입국 관리소 어디로
가요?

꼬모 **보**이 알 라 오피**씨**나 데 인미
그라**씨온?**
¿Cómo voy a la oficina de
inmigración?

· 입국 심사대 어디로 가요?

꼬모 **보**이 알 꼰뜨롤 데 인미그라
씨온?
¿Cómo voy al control de
inmigración?

08 왕복 티켓 billete de ida y vuelta
[비예떼 데 **이**다 이 부엘따]

· 왕복 티켓 보여 주세요.

무에스뜨레메 쑤 비예떼 데 **이**다
이 부**엘**따, 뽀르 파**보**르.
Muéstreme su billete de ida y
vuelta, por favor.

· 왕복 티켓 있으세요?

띠에네 수 비**예**떼 데 **이**다 이 부엘따?
¿Tiene su billete de ida y
vuelta?

· 네. 여기 제 왕복 티켓이요.

씨. 아**끼** 에스**따** 미 비**예**떼 데 **이**다
이 부엘따.
Sí. Aquí está mi billete de ida y
vuelta.

공항

TIP 티켓을 중남미에서는 boleto[볼레또]

09 ~하러 왔어요 🦊? estoy aquí de
[에스**또**이 아**끼** 데]

· 휴가 보내러 왔어요.

에스**또**이 아**끼** 데 바까씨**오**네스.
Estoy aquí de vacaciones.

· 출장 때문에 왔어요.

에스**또**이 아**끼** 데 비**아**헤 데 네**고**
씨오스.
Estoy aquí de viaje de
negocios.

· 관광하러 왔어요.

에스**또**이 아**끼** 데 뚜리스모.
Estoy aquí de turismo.

호텔 118p   식당 152p   관광 186p   쇼핑 214p   귀국 234p

10 ~에 묵을 거예요 💤

me voy a quedar en
[메 보이 아 께다르 엔]

· 호텔에 묵을 거예요.

메 보이 아 께다르 엔 운 오뗄.
Me voy a quedar en un hotel.

· 게스트 하우스에 묵을 거예요.

메 보이 아 께다르 엔 운 오스딸.
Me voy a quedar en un hostal.

· 친척 집에 묵을 거예요.

메 보이 아 께다르 꼰 미스 빠리엔 떼스.
Me voy a quedar con mis parientes.

TIP 숙소를 Airbnb와 같은 숙박 공유 플랫폼에서 구한 경우, 입국 심사 시 굳이 설명할 필요 없이 친척 집에 머문다고 답하면 된다.

---

11 여기 ~ 동안 있을 거예요

voy a estar aquí por
[보이 아 에스따르 아끼 뽀르]

· 3일 동안 있을 거예요.

보이 아 에스**따**르 아**끼** 뽀르 뜨레스 디아스.

Voy a estar aquí por tres días.

· 1주일 동안 있을 거예요.

보이 아 에스**따**르 아**끼** 뽀르 **우**나 쎄마나.

Voy a estar aquí por una semana.

· 2주일 동안 있을 거예요.

보이 아 에스**따**르 아**끼** 뽀르 도스 쎄마나스.

Voy a estar aquí por dos semanas.

· 한 달 동안 있을 거예요.

보이 아 에스**따**르 아**끼** 뽀르 운 메스.

Voy a estar aquí por un mes.

TIP 1 uno[우노], 2 dos[도스], 3 tres[뜨레스], 4 cuatro[꾸아뜨로], 5 cinco[씽꼬], 6 seis[쎄이스], 7 siete[씨에떼], 8 ocho[오초], 9 nueve[누에베], 10 diez[디에스]

호텔 118p   식당 152p   관광 186p   쇼핑 214p   귀국 234p

12 수하물 찾는 곳

recogida de equipajes
[ㄹ레꼬히다 데 에끼빠헤스]

· 수하물 어디서 찾아요?

돈데 뿌**에**도 ㄹ레꼬**헤**르 미 에끼**빠**헤?
¿Dónde puedo recoger mi equipaje?

· 수하물 찾는 곳이 어디예요?

돈데 에스**따** 라 ㄹ레꼬**히**다 데 에끼**빠**헤스?
¿Dónde está la recogida de equipajes?

· 수하물 찾는 곳으로 데려다 주세요.

예베메 알 라 ㄹ레꼬**히**다 데 에끼**빠**헤스.
Lléveme a la recogida de equipajes.

13 카트

carro para equipaje
[까ㄹ로 빠라 에끼빠헤]

· 카트 어디 있어요?

돈데 에스**따** 엘 **까**ㄹ로 **빠**라 에끼 **빠**헤?
¿Dónde está el carro para equipaje?

· 카트 공짜예요?

에스 그라띠스 우**싸**르 엘 **까**ㄹ로 **빠**라 에끼**빠**헤?
¿Es gratis usar el carro para equipaje?

· 카트 고장 났나 봐요.

끄레오 께 노 푼씨**오**나 미 **까**ㄹ로.
Creo que no funciona mi carro.

· 카트가 없는데요.

노 아이 **까**ㄹ로스 **빠**라 에끼**빠**헤.
No hay carros para equipaje.

공항

14 분실

pérdida
[뻬르디다]

· 제 짐이 없는데요.

미 에끼빠헤 쎄 아 뻬르**디**도.
Mi equipaje se ha perdido.

· 제 짐이 안 나왔어요.

미 에끼빠헤 **노** 아 쌀**리**도 또다**비**
아.
Mi equipaje no ha salido
todavía.

· 제 짐을 분실했나 봐요.

끄**레**오 께 에 뻬르**디**도 미 에끼**빠**
헤.
Creo que he perdido mi
equipaje.

15 제 거예요

es mío
[에스 **미**오]

· (여성일 때)
이 캐리어 제 거예요.

에스따 말**레**따 에스 **미**아.
Esta maleta es mía.

· (남성일 때)
이 카트 제 거예요.

에스떼 까ㄹ로 에스 미오.
Este carro es mío.

16 신고하다

declarar
[데끌라라르]

· 신고할 물건 없어요.

노 뗑고 나다 께 데끌라라르.
No tengo nada que declarar.

· 신고할 물건 있어요.

뗑고 알고 께 데끌라라르.
Tengo algo que declarar.

· 신고하려면 어디로 가죠?

아 돈데 보이 빠라 데끌라라르?
¿A dónde voy para declarar?

17 선물

regalo
[ㄹ레갈로]

· 이건 선물할 거예요.

에스또스 쏜 ㄹ레갈로스.
Estos son regalos.

· 이건 선물 받은 거예요.　　　**에스또** 로 ㄹ레씨**비 꼬**모 ㄹ레**갈**로.
　　　　　　　　　　　　　　Esto lo recibí como regalo.

· 선물로 산 거예요.　　　　에 꼼쁘**라**도 **에스**또 **빠**라 ㄹ레**갈**
　　　　　　　　　　　　라르.
　　　　　　　　　　　　He comprado esto para regalar.

18 출구 🏃   salida
[쌀리다]

· 출구 어디예요?　　　　**돈**데 에스**따** 라 **쌀리**다?
　　　　　　　　　　　¿Dónde está la salida?

· 출구는 어느 쪽이에요?　　뽀르 **돈**데 에스**따** 라 **쌀리**다?
　　　　　　　　　　　¿Por dónde está la salida?

· 출구를 못 찾겠어요.　　　**노** 뿌**에**도 엔꼰뜨**라**르 라 **쌀리**다.
　　　　　　　　　　　No puedo encontrar la salida.

· 출구로 데려다주세요.　　**예**베메 알 라 **쌀리**다, 뽀르 파**보**르.
　　　　　　　　　　　Lléveme a la salida, por favor.

19 여행 안내소  información turística
[인포르마씨**온** 뚜**리**스띠까]

공항

· 여행 안내소 어디예요?

돈데 에스**따** 라 인포르마씨**온** 뚜**리**스띠까?
¿Dónde está la información turística?

· 여행 안내소로 데려다주세요.

예베메 알 라 인포르마씨**온** 뚜**리**스띠까, 뽀르 파**보**르.
Lléveme a la información turística, por favor.

· 지도 좀 주세요.

데메 운 **마빠**, 뽀르 파**보**르.
Deme un mapa, por favor.

· 한국어 지도 있어요?

띠에네 운 **마빠** 엔 꼬레**아**노?
¿Tiene un mapa en coreano?

20 환전

cambio de moneda
[깜비오 데 모네다]

· 환전하는 데 어디예요?

돈데 **아**이 **우**나 **까**사 데 **깜**비오?
¿Dónde hay una casa de cambio?

· 환전하는 데 데려다주세요.

예베메 아 **우**나 **까**싸 데 **깜**비오, 뽀르 파**보**르.
Lléveme a una casa de cambio, por favor.

· 환전하려고 하는데요.

끼**에**로 아**쎄**르 운 **깜**비오 데 모네다.
Quiero hacer un cambio de moneda.

· 잔돈으로 주세요.

메 뿌**에**데 다르 디**네**로 쑤**엘**또, 뽀르 파**보**르?
¿Me puede dar dinero suelto, por favor?

21 택시 taxi
[딱씨]

공항

· 택시 어디서 탈 수 있어요? **돈**데 **또**모 운 **딱**씨?
¿Dónde tomo un taxi?

· 택시 타는 데 데려다주세요. **예**베메 알 라 빠**라**다 데 **딱**씨, 뽀르 파보르.
Lléveme a la parada de taxi, por favor.

· 택시 타면 비싼가요? 에스 **까**로 이르 엔 **딱**씨?
¿Es caro ir en taxi?

· 택시 타고 시내 가려고요. **보**이 알 **쎈**뜨로 엔 **딱**씨.
Voy al centro en taxi.

· 택시 대신 뭐 탈 수 있어요? **께** 뿌에도 또마르 엔 베스 데 운 **딱**씨?
¿Qué puedo tomar en vez de un taxi?

22 셔틀버스 autobús de enlace
[아우또부스 데 엔라쎄]

· 셔틀버스 어디서 타요?

돈데 뿌에도 또마르 엘 아우또부스 데 엔라쎄?
¿Dónde puedo tomar el autobús de enlace?

· 셔틀버스 몇 시에 출발해요?

아 께 오라 쌀레 엘 아우또부스 데 엔라쎄?
¿A qué hora sale el autobús de enlace?

· 이 셔틀버스 시내에 가요?

에스떼 아우또부스 데 엔라쎄 바 알 쎈뜨로?
¿Este autobús de enlace va al centro?

· 셔틀버스 얼마예요?

꾸안또 꾸에스따 또마르 엘 아우또부스 데 엔라쎄?
¿Cuánto cuesta tomar el autobús de enlace?

TIP 버스를 중남미에서는 camión[까미온], pesero[뻬쎄로], colectivo[꼴렉띠보], ómnibus[옴니부스]

---

23 제일 가까운 ↔ más cercano
[마스 쎄르까노]

공항

· 가까운 호텔이 어디죠?

돈데 에스**따** 엘 오**뗄** 마스 쎄르**까**노?
¿Dónde está el hotel más cercano?

· 가까운 레스토랑이 어디죠?

돈데 에스**따** 엘 ㄹ레스따우**란**떼 마스 쎄르**까**노?
¿Dónde está el restaurante más cercano?

· 가까운 카페가 어디죠?

돈데 에스**따** 엘 까**페** 마스 쎄르**까**노?
¿Dónde está el café más cercano?

· 가까운 화장실이 어디죠?

돈데 에스**따** 엘 **바**뇨 마스 쎄르**까**노?
¿Dónde está el baño más cercano?

· 가까운 지하철역이 어디죠?

돈데 에스**따** 라 에스따씨**온** 데 메**뜨**로 마스 쎄르**까**나?
¿Dónde está la estación de metro más cercana?

위급상황

· 인터넷 쓸 수 있는 데 있어요?

돈데 뿌**에**도 우**싸**르 인떼르**넷**?
¿Dónde puedo usar Internet?

· 와이파이 잡히는 데 있어요?

돈데 뿌**에**도 우**싸**르 **위**피?
¿Dónde puedo usar Wi-Fi?

· 현금 지급기 어디 있어요?

돈데 **아**이 운 까**헤**로 아우또**마**띠꼬?
¿Dónde hay un cajero automático?

· 편의점 어디 있어요?

돈데 **아**이 우나 띠**엔**다 데 베인띠 꾸아뜨로 **오**라스?
¿Dónde hay una tienda de 24 horas?

· 약국 어디 있어요?

돈데 **아**이 우나 파르**마**씨아?
¿Dónde hay una farmacia?

TIP 간혹 와이파이를 '무선 인터넷 Internet Inalámbrico[인떼르넷 인알람브리꼬]'라고 표기해 놓은 곳도 있다. 와이파이존은 la zona Wi-Fi[라 쏘나 위피]라고 한다.

빨리찾아

08	구역	manzana [만싸나]
09	거리	calle [까예]
10	모퉁이	esquina [에스끼나]
11	골목	callejón [까예혼]
12	얼마나 걸려요	cuánto se tarda [꾸안또 쎄 따르다]
13	고마워요	gracias [그라씨아스]

거리에서

01 어디 있어요 🔊? **dónde está**
[돈데 에스따]

· 여기 어디에 있어요?
> **돈데 에스따 에스떼 루가르?**
> ¿Dónde está este lugar?

· 이 레스토랑 어디 있어요?
> **돈데 에스따 에스떼 ㄹ레스따우란떼?**
> ¿Dónde está este restaurante?

· 이 백화점 어디 있어요?
> **돈데 에스따 에스떼 쎈뜨로 꼬메르씨알?**
> ¿Dónde está este centro comercial?

· 박물관 어디 있어요?
> **돈데 에스따 엘 무쎄오?**
> ¿Dónde está el museo?

· 미술관 어디 있어요?
> **돈데 에스따 에스따 갈레리아 데 아르떼?**
> ¿Dónde está esta galería de arte?

· 버스 정류장 어디 있어요? **돈**데 에스**따** 라 빠**라**다 데 아우또 **부**스?

¿Dónde está la parada de autobús?

· 지하철역 어디 있어요? **돈**데 에스**따** 라 에스따씨**온** 데 **메**뜨로?

¿Dónde está la estación de metro?

· 택시 정류장 어디 있어요? **돈**데 에스**따** 라 빠**라**다 데 **딱**씨?

¿Dónde está la parada de taxi?

02 어떻게 가요 cómo voy
[꼬모 보이]

· 여기 어떻게 가요? **꼬**모 **보**이 아 **에**스떼 루**가**르?

¿Cómo voy a este lugar?

· 이 주소로 어떻게 가요?	**꼬**모 **보**이 아 **에**스따 디렉씨**온**?
	¿Cómo voy a esta dirección?
· 이 건물 어떻게 가요?	**꼬**모 **보**이 아 **에**스떼 에디**피**씨오?
	¿Cómo voy a este edificio?
· 이 레스토랑 어떻게 가요?	**꼬**모 **보**이 아 **에**스떼 ㄹ레스따우 란떼?
	¿Cómo voy a este restaurante?
· 이 박물관 어떻게 가요?	**꼬**모 **보**이 아 **에**스떼 무쎄오?
	¿Cómo voy a este museo?
· 버스 정류장 어떻게 가요?	**꼬**모 **보**이 알 라 빠**라**다 데 아우또 부스?
	¿Cómo voy a la parada de autobús?
· 지하철역 어떻게 가요?	**꼬**모 **보**이 알 라 에스따씨**온** 데 **메** 뜨로?
	¿Cómo voy a la estación de metro?
· 택시 정류장 어떻게 가요?	**꼬**모 **보**이 알 라 빠**라**다 데 **딱**씨?
	¿Cómo voy a la parada de taxi?

03 찾다 🔍

encontrar
[엔꼰뜨라르]

· 저 여기 찾아요.

뗑고 께 엔꼰뜨라르 에스떼 루가르.
Tengo que encontrar este lugar.

· 이 주소 찾아요.

뗑고 께 엔꼰뜨라르 에스따 디렉씨온.
Tengo que encontrar esta dirección.

거리

04 길 🌫

camino
[까미노]

· 이 길이 맞아요?

에스떼 에스 엘 까미노 꼬ㄹ렉또?
¿Este es el camino correcto?

· 길 좀 알려줄 수 있어요?

메 뿌에데 엔세냐르 엘 까미노, 뽀르 파보르?
¿Me puede enseñar el camino, por favor?

· 이 방향이 맞아요? **에스따 에스 라 디렉씨온 꼬ㄹ렉** **따?**
¿Esta es la dirección correcta?

· 이 길이 아닌 것 같아요. 끄레오 께 에스 엘 까**미**노 에끼보 **까도.**
Creo que es el camino equivocado.

05 주소 **dirección**
[디렉씨온]

· 이 주소 어디예요? **돈데 에스따 에스따 디렉씨온?**
¿Dónde está esta dirección?

· 이 주소 어떻게 가요? **꼬모 보**이 아 **에스따 디렉씨온?**
¿Cómo voy a esta dirección?

· 이 주소 아세요? **싸베 에스따 디렉씨온?**
¿Sabe esta dirección?

· 이 주소로 데려다주세요. **예베메 아 에스따 디렉씨온, 뽀르** **파보르.**
Lléveme a esta dirección, por favor.

06 오른쪽

derecha
[데레차]

거리

· 오른쪽으로 가요.

알 라 데레차.
A la derecha.

· 오른쪽 모퉁이를 돌아요.

히레 알 라 데레차 엔 라 에스끼나.
Gire a la derecha en la esquina.

· 오른쪽으로 계속 가요.

씨가 알 라 데레차.
Siga a la derecha.

· 오른쪽 건물이에요.

에스 엘 에디피씨오 데 라 데레차.
Es el edificio de la derecha.

07 왼쪽

izquierda
[이스끼에르다]

· 왼쪽으로 가요.

알 라 이스끼에르다.
A la izquierda.

· 왼쪽 모퉁이를 돌아요.

히레 알 라 이스끼에르다 엔 라 에스끼나.
Gire a la izquierda en la esquina.

· 왼쪽으로 계속 가요. **씨가 알 라 이스끼에르다.**
Siga a la izquierda.

· 왼쪽 건물이에요. **에스 엘 에디피씨오 데 라 이스끼
에르다.**
Es el edificio de la izquierda.

08 구역 ⬭

manzana
[만싸나]

· 이 구역을 돌아서 가요. **히레 꾸안도 빠쎄 에스따 만싸나.**
Gire cuando pase esta
manzana.

· 두 구역 더 가야 돼요. **띠에네 께 안다르 도스 만싸나스
마스.**
Tiene que andar dos manzanas
más.

· 한 구역 더 가야 돼요. **띠에네 께 안다르 우나 만싸나 마
스.**
Tiene que andar una manzana
más.

· 그 빌딩은 다음 구역에 있어요.

엘 에디**피**씨오 에스**따** 엔 라 씨기 **엔**떼 만**싸**나.

El edificio está en la siguiente manzana.

TIP 구역을 스페인, 아르헨티나에서는 manzana[만싸나]
다른 중남미 국가에서는 cuadra[꾸아드라]

거리

09 거리

calle
[까예]

· 5번 거리 어디예요?

돈데 에스**따** 라 **까**예 씽꼬?

¿Dónde está la calle 5?

· 5번 거리로 데려다주세요.

예베메 알 라 **까**예 씽꼬, 뽀르 파**보**르.

Lléveme a la calle 5, por favor.

· 이 거리를 따라 쭉 가세요.

씨가 ㄹ렉또 뽀르 **에**스따 **까**예.

Siga recto por esta calle.

· 이 다음 거리에 있어요.

에스**따** 엔 라 씨기**엔**떼 **까**예.

Está en la siguiente calle.

10 모퉁이

esquina
[에스끼나]

· 이 모퉁이를 돌면 있어요.

에스**따** 알 라 부**엘**따 델 라 에스**끼**나.

Está a la vuelta de la esquina.

· 여기 돌면 이 건물이 있어요?

에스**따** 에스떼 에디**삐**씨오 뽀르 에스**따** 에스**끼**나?

¿Está este edificio por esta esquina?

· 여기 말고 다음 모퉁이로 가셔야 돼요.

노 에스따 에스**끼**나, **씨**노 라 씨기 **엔**떼.

No esta esquina, sino la siguiente.

11 골목

callejón
[까예혼]

· 이 골목으로 들어가요?

빠쏘 뽀르 에스떼 까예혼?

¿Paso por este callejón?

· 이 골목으로 들어가요.　　　**빠**쎄 뽀르 **에**스떼 까예혼.
　　　　　　　　　　　　　　　Pase por este callejón.

· 이 골목은 아니에요.　　　　**노** 에스 **에**스떼 까예혼.
　　　　　　　　　　　　　　　No es este callejón.

· 다음 골목이에요.　　　　　에스 엘 씨기**엔**떼 까예혼.
　　　　　　　　　　　　　　　Es el siguiente callejón.

거리

· 이 골목은 위험해요.　　　　**에**스떼 까예혼 에스 **뻴**리그**로**소.
　　　　　　　　　　　　　　　Este callejón es peligroso.

12 얼마나 걸려요 ⊙　cuánto se tarda
　　　　　　　　　　　　[꾸안또 쎄 따르다]

· 여기서 얼마나 걸려요?　　　꾸**안**또 쎄 **따**르다 **데**스데 아**끼**?
　　　　　　　　　　　　　　　¿Cuánto se tarda desde aquí?

· 걸어서 얼마나 걸려요?　　　꾸**안**또 쎄 **따**르다 까미**난**도?
　　　　　　　　　　　　　　　¿Cuánto se tarda caminando?

· 버스로 얼마나 걸려요?　　　꾸**안**또 쎄 **따**르다 엔 아우또**부**스?
　　　　　　　　　　　　　　　¿Cuánto se tarda en autobús?

· 지하철로 얼마나 걸려요?　　　꾸안또 쎄 **따르**다 엔 **메뜨**로?
　　　　　　　　　　　　　　　　　¿Cuánto se tarda en metro?

· 택시로 얼마나 걸려요?　　　　꾸안또 쎄 **따르**다 엔 **딱**씨?
　　　　　　　　　　　　　　　　　¿Cuánto se tarda en taxi?

TIP　버스를 중남미에서는 camión[까미온], pesero[뻬쎄로],
　　　　colectivo[꼴렉띠보], ómnibus[옴니부스]

---

13 고마워요 😊 　　　**gracias**
　　　　　　　　　　　　　[그라씨아스]

· 고마워요!　　　　　　　　　그라씨아스!
　　　　　　　　　　　　　　　¡Gracias!

· 도와줘서 고마워요.　　　　　그라씨아스 뽀르 쑤 아유다.
　　　　　　　　　　　　　　　Gracias por su ayuda.

기내 30p　　　공항 46p　　　거리 70p　　　택시&버스 86p　　전철&기차 100p

위급상황

거리

· 저(남성) 길을 잃었어요.	에스**또**이 뻬르**디**도. Estoy perdido.
· 저(여성) 길을 잃었어요.	에스**또**이 뻬르**디**다. Estoy perdida.
· 저(남성) 여행객인데, 도와주세요.	**쏘**이 비아**헤**로. 메 뿌**에**데 아유**다** 르, 뽀르 파보르? Soy viajero. ¿Me puede ayudar, por favor?
· 저(여성) 여행객인데, 도와주세요.	**쏘**이 비아**헤**라. 메 뿌**에**데 아유**다** 르, 뽀르 파보르? Soy viajera. ¿Me puede ayudar, por favor?
· 소매치기 당했어요!	메 ㄹ로**바**론! ¡Me robaron!
· 경찰 불러 주세요!	**야**메 알 라 뽈리**씨**아, 뽀르 파보르! ¡Llame a la Policía, por favor!

· 공중화장실 어디 있나요?   **돈**데 에스**따** 엘 쎄르**비**씨오?
¿Dónde está el servicio?

· 화장실 좀 써도 되나요?   **뿌에도** 우**싸**르 엘 **바뇨**, 뽀르 **파보**
르?
¿Puedo usar el baño, por
favor?

· 저 돈 없어요.   **노 뗑**고 디네로.
No tengo dinero.

빨리찾아

택시
&
버스

택시1&버스에서

01 택시 정류장 🚕📍 parada de taxi
[빠라다 데 딱씨]

· 택시 정류장 어디예요?

돈데 **아**이 **우**나 빠라다 데 딱씨?
¿Dónde hay una parada de taxi?

· 택시 정류장이 가까워요?

에스**따** 라 빠라다 데 딱씨 **쎄**르까 데 아**끼**?
¿Está la parada de taxi cerca de aquí?

· 택시 어디서 탈 수 있어요?

돈데 뿌**에**도 또마르 운 **딱**씨?
¿Dónde puedo tomar un taxi?

· 택시 정류장 걸어갈 수 있어요?

뿌에도 이르 까미**난**도 **아**스따 라 빠라다 데 딱씨?
¿Puedo ir caminando hasta la parada de taxi?

02 ~로 가 주세요 Lléveme a
[예베메 아]

· 여기로 가 주세요.

예베메 아 **에스떼** 루가르, 뽀르 파
보르.
Lléveme a este lugar, por favor.

· 이 호텔로 가 주세요.

예베메 아 **에스떼** 오뗄, 뽀르 파보
르.
Lléveme a este hotel, por favor.

· 이 박물관으로 가 주세요.

예베메 아 **에스떼** 무쎄오, 뽀르 파
보르.
Lléveme a este museo, por
favor.

· 이 공원으로 가 주세요.

예베메 아 **에스떼** 빠르께, 뽀르 파
보르.
Lléveme a este parque, por
favor.

· 시내로 가 주세요.

예베메 알 쎈뜨로, 뽀르 파보르.
Lléveme al centro, por favor.

· 공항으로 가 주세요.

예베메 알 아에로뿌에르또, 뽀르 파보르.
Lléveme al aeropuerto, por favor.

03 주소

dirección
[디렉씨온]

· 이 주소 어딘지 아세요?

싸베 돈데 에스따 에스따 디렉씨온?
¿Sabe dónde está esta dirección?

· 이 주소에서 가까운 데로 가 주세요.

예베메 쎄르까 데 에스따 디렉씨온, 뽀르 파보르.
Lléveme cerca de esta dirección, por favor.

04 요금

tarifa
[따리파]

· 요금이 얼마예요?

꾸**안**또 에스 라 따**리**파?
¿Cuánto es la tarifa?

· 현금으로 할게요.

보이 아 빠**가**르 엔 에펙**띠**보.
Voy a pagar en efectivo.

택시 & 버스

05 트렁크

maletero
[말레**떼**로]

· 트렁크 열어 주세요.

아브라 엘 말레**떼**로, 뽀르 파보르.
Abra el maletero, por favor.

· 이거 넣는 것 좀 도와주세요.

아**유**데메 아 메**떼**르 **에**스또, 뽀르 파**보**르.
Ayúdeme a meter esto, por favor.

· 이거 내리는 것 좀 도와주세요.

아**유**데메 아 사**카**르 **에**스또, 뽀르 파**보**르.
Ayúdame a sacar esto, por favor.

호텔 118p   식당 152p   관광 186p   쇼핑 214p   귀국 234p

06 세워 주세요 🛑   **pare**
[빠레]

· 여기서 세워 주세요.

빠레 아**끼**, 뽀르 파**보**르.
Pare aquí, por favor.

· 횡단보도에서 세워 주세요.

빠레 엔 엘 **빠**소 데 뻬아**또**네스, 뽀르 파**보**르
Pare en el paso de peatones,
por favor.

· 모퉁이 돌아서 세워 주세요.

빠레 알 라 부**엘**따 데 라 에스**끼**나,
뽀르 파**보**르.
Pare a la vuelta de la esquina,
por favor.

· 한 구역 더 가서 세워 주세요.

빠레 엔 라 씨기**엔**데 만**싸**나, 뽀르
파**보**르.
Pare en la siguiente manzana,
por favor.

> **TIP**   구역을 스페인, 아르헨티나에서는 manzana[만싸나]
> 다른 중남미 국가에서는 cuadra[꾸아드라]

---

07 잔돈

cambio
[깜비오]

· 잔돈은 됐어요.

께데쎄 꼰 엘 깜비오.
Quédese con el cambio.

· 잔돈 왜 안 줘요?

뽀르 께 노 메 다 엘 깜비오?
¿Por qué no me da el cambio?

· 동전으로 주세요.

데멜로 엔 모네다스, 뽀르 파보르.
Démelo en monedas, por favor.

택시
&
버스

08 버스 정류장 🚌

parada de autobús
[빠라다 데 아우또부스]

· 버스 정류장 어디예요?

돈데 에스따 라 빠라다 데 아우또
부스?
¿Dónde está la parada de
autobús?

· 버스 정류장 가까워요?

에스따 쎄르까 라 빠라다 데 아우
또부스?
¿Está cerca la parada de
autobús?

호텔 118p   식당 152p   관광 186p   쇼핑 214p   귀국 234p

· 버스 정류장 걸어갈 수 있어요?

뿌에도 이르 까미난도 **아스**따 라 **빠라**다 데 아우또부스?
¿Puedo ir caminando hasta la parada de autobús?

09 ~행 버스 autobús para
[아우또부스 빠라]

· 이거 시내 가는 버스예요?

에스떼 에스 엘 아우또부스 **빠라** 엘 쎈뜨로?
¿Este es el autobús para el centro?

· 이거 공항 가는 버스예요?

에스떼 에스 엘 아우또부스 **빠라** 엘 아에로뿌**에르**또?
¿Este es el autobús para el aeropuerto?

· 이거 지하철역 가는 버스예요?

에스떼 에스 엘 아우또부스 **빠라** 라 에스따씨**온** 데 **메**뜨로?
¿Este es el autobús para la estación de metro?

10 반대쪽

el otro lado
[엘 오뜨로 라도]

· 반대쪽에서 타야 됩니다.

로 띠에네 께 또마르 엔 엘 **오뜨로 라도.**
Lo tiene que tomar en el otro lado.

· 반대쪽으로 가려면 어디로 가요?

꼬모 예고 알 **오뜨로 라도?**
¿Cómo llego al otro lado?

· 반대쪽 버스가 시내에 가요?

엘 아우또**부스** 델 **오뜨로 라도** 바 알 **쎈뜨로?**
¿El autobús del otro lado va al centro?

택시 & 버스

11 기다리다

esperar
[에스뻬라르]

· 얼마나 기다려요?

꾸안또 띠엠뽀 뗑고 께 에스뻬라르?
¿Cuánto tiempo tengo que esperar?

· 오래 기다려야 돼요?

뗑고 께 에스뻬라르 무초 띠엠뽀?
¿Tengo que esperar mucho tiempo?

· 10분 기다리세요.

띠에네 께 에스뻬라르 디에스 미누또스.
Tiene que esperar diez minutos.

· 기다리지 마세요. 여기 안 와요.

노 에스뻬레. 노 비에네 뽀르 아끼.
No espere. No viene por aquí.

12 환승

transbordo
[뜨란스보르도]

· 어디에서 환승해요?

돈데 아고 엘 뜨란스보르도?
¿Dónde hago el transbordo?

· 몇 번으로 환승해요?

아 꾸알 메 뜨란스보르도?
¿A cuál me transbordo?

13 내려요

me bajo
[메 바호]

· 저 여기서 내려요.
메 바호 아끼.
Me bajo aquí.

· 저 어디서 내려요?
돈데 메 바호?
¿Dónde me bajo?

· 내려야 할 때 알려 주세요.
디가메 꾸안도 뗑고 께 바하르메.
Dígame cuándo tengo que bajarme.

택시 & 버스

14 정거장 🚏

parada
[빠라다]

· 몇 정거장 가야 돼요?
꾸안따스 빠라다스 뗑고 께 빠싸르?
¿Cuántas paradas tengo que pasar?

· 이번 정거장에서 내리나요?
메 바호 엔 에스따 빠라다?
¿Me bajo en esta parada?

위급상황

· 왜 돌아가요?

뽀르 께 쎄 에스**따** 데스비**안**도?
¿Por qué se está desviando?

· 돌아가는 거 같은데요!

쎄 에스**따** 데스비**안**도!
¡Se está desviando!

· 저 못 내렸어요!

에 뻬르**디**도 미 **빠**라다!
¡He perdido mi parada!

· 여기서 내려야 되는데!

메 **뗑**고 께 바**하**르 아**끼**!
¡Me tengo que bajar aquí!

· 세워 주세요!

빠레, 뽀르 파**보**르!
¡Pare, por favor!

· 문 좀 열어 주세요.

아브라메 라 뿌에르**따**, 뽀르 파**보**
르.
Ábrame la puerta, por favor.

· 문이 안 열려요.

노 쎄 **아**브레 라 뿌에르**따**.
No se abre la puerta.

· 문이 안 닫혔어요.

라 뿌에르**따 노** 에스**따** 쎄ㄹ**라**다.
La puerta no está cerrada.

택시 & 버스

호텔 118p   식당 152p   관광 186p   쇼핑 214p   귀국 234p

빨리찾아

전철 & 기차

전철&기차에서

01 지하철역 🚇 estación de metro
[에스따씨온 데 메뜨로]

· 지하철역 어디예요?

돈데 에스**따** 라 에스따씨**온** 데 메
뜨로?

¿Dónde está la estación de
metro?

· 지하철역 어떻게 가요?

꼬모 **보**이 알 라 에스따씨**온** 데 메
뜨로?

¿Cómo voy a la estación de
metro?

· 여기가 지하철역이에요?

에스**따** 에스 라 에스따씨**온** 데 메
뜨로?

¿Esta es la estación de metro?

· 지하철역 여기서 멀어요?

에스**따** 레호스 데 아**끼** 라 에스따
씨**온** 데 메뜨로?

¿Está lejos de aquí la estación
de metro?

02 기차역

estación de tren
[에스따씨온 데 뜨렌]

· 기차역 어디예요?

돈데 에스**따** 라 에스따씨**온** 데 뜨렌?
¿Dónde está la estación de tren?

· 기차역 어떻게 가요?

꼬모 **보**이 알 라 에스따씨**온** 데 뜨렌?
¿Cómo voy a la estación de tren?

· 여기가 기차역이에요?

에스따 에스 라 에스따씨**온** 데 뜨렌?
¿Esta es la estación de tren?

· 기차역 여기서 멀어요?

에스**따** **레**호스 데 아**끼** 라 에스따씨**온** 데 뜨렌?
¿Está lejos de aquí la estación de tren?

전철
&
기차

03 호선

línea
[리네아]

· 여기 갈 건데 몇 호선 타요?	뗑고 께 이르 아 **에스떼 루가르**, **께 리네아 또**모?
	Tengo que ir a este lugar, ¿qué línea tomo?
· 이 노선 타면 여기 가나요?	**에스따 리네아** 메 **예**바 아 **에스떼 루가르**?
	¿Esta línea me lleva a este lugar?
· 이 노선으로 갈아탈 거예요.	메 뜨란스보르도 아 **에스따 리네**아.
	Me transbordo a esta línea.

04 노선도

plano del metro
[쁠라노 델 메뜨로]

· 노선도는 어디 있나요?	**돈**데 에스**따** 엘 **쁠라**노 델 **메뜨**로?
	¿Dónde está el plano del metro?

· 노선도 하나 받을 수 있나요?	메 다 운 쁠라노 델 **메뜨**로?
	¿Me da un plano del metro?
· 노선도 보는 것 좀 도와주세요.	아**유**데메 아 부스**까**르 엔 **에스**떼 쁠라노 델 **메뜨**로, 뽀르 파**보**르.
	Ayúdeme a buscar en este plano del metro, por favor.

05 시간표 ⏰📅

horario
[오라리오]

전철 & 기차

· 시간표 어디서 보나요?	**돈**데 뿌**에**도 베르 엘 오**라**리오?
	¿Dónde puedo ver el horario?
· 시간표 보여 주세요.	무에스뜨레메 엘 오**라**리오, 뽀르 파**보**르.
	Muéstreme el horario, por favor.
· 시간표가 복잡해요.	엘 오**라**리오 에스 **무**이 리오소.
	El horario es muy lioso.
· 시간표 보는 것 좀 도와주세요.	아유데메 아 ㄹ레비**싸**르 엘 오**라**리오, 뽀르 파**보**르.
	Ayúdeme a revisar el horario, por favor.

06 매표소 🏳

taquilla de billetes
[따끼야 데 비예떼스]

· 매표소 어디예요?

돈데 에스**따** 라 따**끼**야 데 비**예**떼스?

¿Dónde está la taquilla de billetes?

· 매표소 어떻게 가요?

꼬모 **보**이 알 라 따**끼**야 데 비**예**떼스?

¿Cómo voy a la taquilla de billetes?

· 매표소로 데려다주세요.

예베메 알 라 따**끼**야 데 비**예**떼스, 뽀르 파**보**르.

Lléveme a la taquilla de billetes, por favor.

· 표 살 거예요.

보이 아 꼼쁘**라**르 운 비**예**떼.

Voy a comprar un billete.

TIP 매표소를 뜻하는 동의어로는 taquilla[따끼야], boletería[볼레떼리아], ventanilla[벤따니야]

기내 30p   공항 46p   거리 70p   택시&버스 86p   전철&기차 100p

07 발권기 máquina de billetes
[마끼나 데 비예떼스]

· 발권기 어디 있어요?

돈데 에스**따** 라 **마끼**나 데 비**예떼스**?
¿Dónde está la máquina de billetes?

· 발권기 어떻게 써요?

꼬모 쎄 **우**싸 라 **마끼**나 데 비**예떼스**?
¿Cómo se usa la máquina de billetes?

· 발권기 안 되는데요.

노 푼씨오나 에스따 **마끼**나 데 비**예떼스**.
No funciona esta máquina de billetes.

· 발권기 쓰는 것 좀 도와주세요.

아유데메 꼰 라 **마끼**나 데 비**예떼스**, 뽀르 파**보**르.
Ayúdeme con la máquina de billetes, por favor.

· 제 표가 안 나와요.

노 쌀레 미 비예**떼**.
No sale mi billete.

전철 & 기차

호텔 118p   식당 152p   관광 186p   쇼핑 214p   귀국 234p

tren rápido
[뜨렌 ㄹ라삐도]

· 여기로 가는 급행열차 있어요?

아이 운 뜨렌 ㄹ라삐도 빠라 에스떼 루가르?

¿Hay un tren rápido para este lugar?

· 급행열차는 얼마예요?

꾸안또 꾸에스따 운 비예떼 데 뜨렌 ㄹ라삐도?

¿Cuánto cuesta un billete de tren rápido?

· 급행열차 어디서 타요?

돈데 뿌에도 또마르 엘 뜨렌 ㄹ라삐도?

¿Dónde puedo tomar el tren rápido?

· 급행열차는 몇 시에 있어요?

아 께 오라 쌀레 엘 뜨렌 ㄹ라삐도?

¿A qué hora sale el tren rápido?

09 편도

ida
[이다]

· 편도로 2장 주세요.

도스 비예떼스 데 **이다**, 뽀르 파보르.

Dos billetes de ida, por favor.

· 이거 편도 표 맞아요?

에스떼 에스 운 비예떼 데 **이다**?

¿Este es un billete de ida?

· 이거 편도로 바꿀 수 있어요?

뿌에도 깜비아르 **에스떼** 비예떼 뽀르 우노 데 **이다**?

¿Puedo cambiar este billete por uno de ida?

전철 & 기차

10 왕복

ida y vuelta
[이다 이 부엘따]

· 왕복으로 한 장이요.

운 비예떼 데 **이다** 이 부엘따, 뽀르 파보르.

Un billete de ida y vuelta, por favor.

· 이거 왕복 표 맞아요?

에스떼 에스 운 비예떼 데 **이**다 이
부엘따?
¿Este es un billete de ida y
vuelta?

· 이거 왕복으로 바꿀 수
있어요?

뿌에도 깜비아르 에스떼 뽀르 **우**노
데 **이**다 이 부엘따?
¿Puedo cambiar este billete por
uno de ida y vuelta?

11 ~로 가는 표   **billete para**
[비예떼 빠라]

· 여기 가는 표 한 장이요.

운 비예떼 빠라 에스떼 루가르, 뽀
르 파**보**르.
Un billete para este lugar, por
favor.

· 고야 역으로 가는 표 한 장
이요.

운 비예떼 빠라 라 에스따씨**온** 고
야, 뽀르 파**보**르.
Un billete para la estación Goya,
por favor.

· 여기 가는 표 얼마예요?　　꾸안또 에스 엘 비예떼 빠라 에스
　　　　　　　　　　　　　떼 루가르?

¿Cuánto es el billete para este
lugar?

12 승강장

andén
[안덴]

· 8번 승강장 어디예요?　　돈데 에스따 엘 안덴 오초?
¿Dónde está el andén ocho?

· 승강장을 못 찾겠어요.　　노 뿌에도 엔꼰뜨라르 엘 안덴.
No puedo encontrar el andén.

· 승강장으로 데려다주세요.　예베메 엘 안덴, 뽀르 파보르.
Lléveme al andén, por favor.

전철
&
기차

13 환승 🚊

transbordo
[뜨란스보르도]

· 환승하는 데 어디예요?

돈데 **아**고 엘 뜨란스**보르**도?
¿Dónde hago el transbordo?

· 환승 여기서 해요?

뜨란스보르도 아**끼**?
¿Transbordo aquí?

· 여기로 가려면 환승해야
  돼요?

뗑고 께 뜨란스보르**다**르 빠라 이르
아 **에스**떼 루**가**르?
¿Tengo que transbordar para ir
a este lugar?

· 환승하려면 여기서
  내려요?

메 **바**호 아**끼** 빠라 뜨란스보르**다**
르?
¿Me bajo aquí para transbordar?

14 식당 칸 🍴

cafetería
[까페떼리아]

· 식당 칸 있어요?

아이 **우**나 까페떼리아?
¿Hay una cafetería?

· 식당 칸 어디예요?

돈데 에스**따** 라 까페떼리아?
¿Dónde está la cafetería?

· 식당 칸에서 멀어요?

께다 **레**호스 데 라 까페떼리아?
¿Queda lejos de la cafetería?

· 식당 칸에서 가까운 자리로
주세요.

끼**에**로 운 아씨**엔**또 쎄르까 데 라
까페떼리아, 뽀르 파**보**르.
Quiero un asiento cerca de la
cafetería, por favor.

전철
&
기차

15 일반석 🪑

clase económica
[끌라쎄 에꼬노미까]

· 일반석으로 주세요.

데메 운 비예떼 데 끌라쎄 에꼬**노**미까, 뽀르 파보르.
Deme un billete de clase económica, por favor.

· 일반석 남았어요?

께단 비예떼스 데 끌라쎄 에꼬노미까?
¿Quedan billetes de clase económica?

· 일반석은 얼마예요?

꾸안또 꾸에스따 운 비예떼 데 끌라쎄 에꼬**노**미까?
¿Cuánto cuesta un billete de clase económica?

16 1등석

primera clase
[쁘리메라 끌라쎄]

· 1등석으로 주세요.

데메 운 비예떼 데 쁘리메라 끌라
쎄, 뽀르 파보르.
Deme un billete de primera
clase, por favor.

· 1등석은 얼마예요?

꾸안또 꾸에스따 운 비예떼 데 쁘
리메라 끌라쎄?
¿Cuánto cuesta un billete de
primera clase?

· 1등석은 뭐가 좋아요?

께 에스 로 부에노 데 쁘리메라 끌
라쎄?
¿Qué es lo bueno de primera
clase?

전철
&
기차

호텔 118p   식당 152p   관광 186p   쇼핑 214p   귀국 234p

위급상황

· 표를 분실했어요.　　　　　에 뻬르**디**도 미 비**예**떼.
　　　　　　　　　　　　　　He perdido mi billete.

· 일일 승차권을 분실했어요.　에 뻬르**디**도 미 비**예**떼 데 운 **디**아.
　　　　　　　　　　　　　　He perdido mi billete de un día.

· 지하철에 가방을 놓고 내렸　에 데**하**도 미 볼쏘 엔 엘 **메**뜨로.
어요.　　　　　　　　　　　He dejado mi bolso en el metro.

· 분실물 센터가 어디예요?　　**돈**데 에스**따** 라 오피**씨**나 데 옵**헤**
　　　　　　　　　　　　　　또스 뻬르**디**도스?
　　　　　　　　　　　　　　¿Dónde está la oficina de
　　　　　　　　　　　　　　objetos perdidos?

· 표가 안 나와요.　　　　　　**노** 쌀레 엘 비**예**떼.
　　　　　　　　　　　　　　No sale el billete.

· 표를 잘못 샀어요.　　　　　**뗑**고 운 비**예**떼 에끼보**까**도.
　　　　　　　　　　　　　　Tengo un billete equivocado.

· 열차 잘못 탔어요.　　　　　에 또**마**도 엘 뜨렌 에끼보**까**도.
　　　　　　　　　　　　　　He tomado el tren equivocado.

TIP　티켓을 중남미에서는 boleto[볼레또]

빨리찾아

09	몇 층	qué piso [께 삐소]
10	방 키	llave de la habitación [**야**베 데 라 아비따씨온]
11	짐	equipaje [에끼**빠**헤]
12	내 방	mi habitación [미 아비따씨온]
13	수건	toalla [또**아**야]
14	칫솔	cepillo de dientes [쎄**삐**요 데 디엔떼스]
15	베개	almohada [알모**아**다]
16	드라이기	secador [쎄까**도**르]

호텔

호텔

호텔에서

01 로비

recepción
[ㄹ레쎕씨온]

· 로비가 어디예요?

돈데 에스따 라 ㄹ레쎕시온?
¿Dónde está la recepción?

02 예약

reserva
[ㄹ레쎄르바]

· 예약했어요.

뗑고 우나 ㄹ레쎄르바.
Tengo una reserva.

· 예약 안 했어요.

노 뗑고 ㄹ레쎄르바.
No tengo reserva.

· 이 사이트로 예약했는데요.

**이쎄 우나 ㄹ레쎄르바 뽀르 에스
따 빠히나 웹.**
Hice una reserva por esta
página web.

기내 30p   공항 46p   거리 70p   택시&버스 86p   전철&기차 100p

· 예약을 제 이름 Yessi로
했어요.

뗑고 우나 ㄹ레**쎄르바 아 놈**브레
데 **예**씨.
Tengo una reserva a nombre de
Yessi.

03 체크인

registro
[ㄹ레히스뜨로]

· 체크인하려고요.

보이 아 ㄹ레**히스뜨라**르메.
Voy a registrarme.

· 체크인 어디서 해요?

돈데 **아**고 엘 ㄹ레**히스뜨**로?
¿Dónde hago el registro?

· 체크인은 몇 시에 하나요?

아 **께 오**라 에스 엘 ㄹ레**히스뜨**로?
¿A qué hora es el registro?

· 체크인하기 전에 짐 맡아
주세요.

구**아**르데 미 에끼**빠**헤 **아**스따
엘 ㄹ레**히스뜨**로, 뽀르 파**보**르.
Guarde mi equipaje hasta el
registro, por favor.

호텔

호텔 118p   식당 152p   관광 186p   쇼핑 214p   귀국 234p

04 침대 🛏

cama
[까마]

· 싱글 침대로 주세요.

우나 까마 인디비두알, **뽀르 파보**
르.
Una cama individual, por favor.

· 더블 침대로 주세요.

우나 까마 데 마뜨리**모**니오, **뽀르**
파보르.
Una cama de matriomonio, por
favor.

· 트윈 침대로 주세요.

우나스 까마스 헤멜라스, **뽀르 파**
보르.
Unas camas gemelas, por
favor.

· 제일 큰 침대 주세요.

데메 라 **까**마 **마**스 그란데, **뽀르 파**
보르.
Deme la cama más grande, por
favor.

| 제일 큰 침대 있는 방은 얼마예요? | 꾸안또 꾸에스따 우나 아비따씨온 곤 라 까마 마스 그란데? |
| | ¿Cuánto cuesta una habitación con la cama más grande? |

05 조식 🍴

desayuno
[데싸유노]

| 조식은 어디서 먹어요? | 돈데 쎄 데싸유나? |
| | ¿Dónde se desayuna? |

| 조식은 몇 시예요? | 아 께 오라 에스 엘 데싸유노? |
| | ¿A qué hora es el desayuno? |

| 조식으로 뭐가 있죠? | 께 아이 데 데싸유노? |
| | ¿Qué hay de desayuno? |

| 조식 몇 시까지예요? | 아 께 오라 떼르미나 엘 데싸유노? |
| | ¿A qué hora termina el desayuno? |

호텔

· 조식 포함하면 얼마예요?

꾸안또 꾸에스따 인끌루**옌**도 엘
데싸**유**노?
¿Cuánto cuesta incluyendo el
desayuno?

06 얼마 💰?

cuánto
[꾸안또]

· 1박에 얼마예요?

꾸안또 꾸에스따 **우**나 **노**체?
¿Cuánto cuesta una noche?

· 2박에 얼마예요?

꾸안또 꾸에스딴 도스 **노**체스?
¿Cuánto cuestan dos noches?

· 할인 받을 수 있어요?

아이 데스꾸**엔**또?
¿Hay descuento?

· 방 업그레이드 하면
얼마예요?

꾸안또 꾸에스따 메호**라**르 데 아
비따씨**온**?
¿Cuánto cuesta mejorar de
habitación?

07 신용카드

tarjeta de crédito
[따르헤따 데 끄레디또]

· 신용카드 되나요?

아쎕따 따르헤따스 데 끄레디또?
¿Acepta tarjetas de crédito?

· 현금으로 할게요.

빠가레 엔 에펙띠포.
Pagaré en efectivo.

· 할인 없나요?

노 아이 데스꾸엔또?
¿No hay descuento?

08 엘리베이터 🗑

ascensor
[아쎈쏘르]

· 엘리베이터 어디 있어요?

돈데 에스따 엘 아쎈쏘르?
¿Dónde está el ascensor?

· 엘리베이터가 안 열려요.

노 쎄 아브레 엘 아쎈쏘르.
No se abre el ascensor.

호텔

TIP 엘리베이터를 스페인과 많은 남미 국가들에서는 ascensor[아쎈쏘르]
멕시코를 포함한 중미 국가들에서는 elevador[엘레바도르]

---

09 몇 층 ?

qué piso
[께 삐쏘]

· 제 방 몇 층이에요?

엔 **께** 삐쏘 에스**따** 미 아비따씨**온**?
¿En qué piso está mi habitación?

· 수영장 몇 층에 있어요?

엔 **께** 삐쏘 에스**따** 라 삐씨나?
¿En qué piso está la piscina?

· 운동하는 데 몇 층에 있어요?

엔 **께** 삐쏘 에스**따** 엘 힘나씨오?
¿En qué piso está el gimnasio?

· 스파 몇 층에 있어요?

엔 **께** 삐쏘 에스**따** 엘 에스빠?
¿En qué piso está el spa?

· 1층에 있어요.

에스**따** 엔 엘 삐소 바호.
Está en el piso bajo.

· 2층에 있어요.

에스**따** 엔 엘 쁘리**메**르 삐소.
Está en el primer piso.

TIP piso[삐소] 대신 planta[쁠란따]를 사용할 수 있다.
1층 la planta baja[라 쁠란따 바하], 2층 la primera planta[라 쁘리메라 쁠란따], 3층 la segunda planta[라 쎄군다 쁠란따], 4층 la tercera planta[라 떼르쎄라 쁠란따]

---

10 방 키

llave de la habitación
[야베 데 라 아비따씨온]

· 방 키 하나 더 주세요.

메 뿌에데 다르 우나 **야**베 마스, 뽀르 파보르?
¿Me puede dar una llave más, por favor?

· 방 키 없어졌어요.

노 엔꾸엔뜨로 라 **야**베 데 미 아비따씨온.
No encuentro la llave de mi habitación.

· 방 키가 안돼요.

에스따 **야**베 **노** 씨르베.
Esta llave no sirve.

호텔

11 짐

equipaje
[에끼빠헤]

· 짐 맡길 수 있어요?

뿌에데 구아르다르 미 에끼**빠**헤, 뽀르 파보르?
¿Puede guardar mi equipaje, por favor?

· 짐 올려 주실 수 있어요?
뿌에데 쑤비르 미 에끼**빠**헤, 뽀르 파보르?
¿Puede subir mi equipaje, por favor?

· 이거 제 짐이 아니에요.
에스떼 노 에스 미 에끼**빠**헤.
Este no es mi equipaje.

· 제 짐이 없어졌어요.
아 데싸빠레**씨**도 미 에끼**빠**헤.
Ha desaparecido mi equipaje.

· 제 짐 찾아 주세요.
부스께 미 에끼**빠**헤, 뽀르 파보르.
Busque mi equipaje, por favor.

12 내 방 🚪

mi habitación
[미 아비따씨온]

· 내 방이 어디죠?
돈데 에스따 미 아비따씨온?
¿Dónde está mi habitación?

· 내 방을 못 찾겠어요.
노 엔꾸**엔**뜨로 미 아비따씨온.
No encuentro mi habitación.

· 내 방이 너무 어두워요.　미 아비따씨**온** 에스 데마씨**아**도 오스**꾸**라.

Mi habitación es demasiado oscura.

· 내 방이 너무 밝아요.　미 아비따씨**온** 에스 데마씨**아**도 루미**노**싸.

Mi habitación es demasiado luminosa.

· 내 방이 너무 더워요.　**아**쎄 **무**초 깔로르 엔 미 아비따씨**온**.

Hace mucho calor en mi habitación.

· 내 방이 너무 추워요.　**아**쎄 **무**초 프리오 엔 미 아비따씨**온**.

Hace mucho frío en mi habitación.

· 내 방에서 냄새나요.　우**엘**레 ㄹ**라**로 엔 미 아비따씨**온**.

Huele raro en mi habitación.

호텔

13 수건 ⊗

toalla
[또아야]

· 수건 더 주세요.

뜨라이가메 **마스** 또**아**야스, 뽀르 파보르.
Tráigame más toallas, por favor.

· 수건 없어요.

노 뗑고 또**아**야스.
No tengo toallas.

· 수건 깨끗한 걸로 주세요.

뜨라이가메 또**아**야스 **림**삐아스, 뽀르 파보르.
Tráigame toallas limpias, por favor.

· 큰 수건으로 주세요.

뜨라이가메 또**아**야스 **마스** 그란데스, 뽀르 파보르.
Tráigame toallas más grandes, por favor.

14 칫솔 🪥

cepillo de dientes
[쎄삐요 데 디엔떼스]

· 칫솔 주세요.

데메 운 쎄삐요 데 디엔떼스, 뽀르
파보르.
Deme un cepillo de dientes, por
favor.

· 칫솔 하나 더 주세요.

데메 운 쎄삐요 데 디엔떼스 마스,
뽀르 파보르.
Deme un cepillo de dientes
más, por favor.

· 치약 주세요.

데메 빠스따 덴딸, 뽀르 파보르.
Deme pasta dental, por favor.

호텔

· 치실 있어요?

띠에네 일로 덴딸?
¿Tiene hilo dental?

호텔 118p   식당 152p   관광 186p   쇼핑 214p   귀국 234p

15 베개 almohada
[알모아다]

· 베개 하나 더 주세요.
뜨라이가메 **우**나 알모**아**다 **마**스, 뽀르 파**보**르.
Tráigame una almohada más, por favor.

· 베개가 너무 딱딱해요.
미 알모**아**다 에스 데마씨**아**도 **두**라.
Mi almohada es demasiado dura.

· 베개가 너무 높아요.
미 알모**아**다 에스 데마씨**아**도 **알**따.
Mi almohada es demasiado alta.

· 베개가 너무 낮아요.
미 알모**아**다 에스 데마씨**아**도 **바**하.
Mi almohada es demasiado baja.

· 베개 큰 거 있어요?

띠에네 **우나** 알모아다 **마스** 그란
데?
¿Tiene una almohada más
grande?

16 드라이기

secador
[쎄까도르]

· 드라이기 주세요.

뜨라이가메 운 쎄까**도**르, 뽀르 파
보르.
Tráigame un secador, por favor.

· 방에 드라이기가 없어요.

노 아이 쎄까**도**르 엔 라 아비따씨
온.
No hay secador en la
habitación.

· 드라이기 고장났어요.

엘 쎄까도르 에스**따** ㄹ**로**또.
El secador está roto.

· 드라이기 잘 안돼요.

노 푼씨오나 **비**엔 엘 쎄까**도**르.
No funciona bien el secador.

호텔

17 물 🥤

agua
[아구아]

· 물이 안 나와요.

노 쌀레 **아구**아.
No sale agua.

· 물이 너무 뜨거워요.

엘 **아구**아 에스**따** 데마씨**아**도 깔
리엔떼.
El agua está demasiado
caliente.

· 물이 너무 차가워요.

엘 **아구**아 에스**따** 데마씨**아**도 프
리아.
El agua está demasiado fría.

· 물 온도 조절이 안돼요.

노 뿌에도 아후스**따**르 라 뗌뻬라
뚜라 델 **아구**아.
No puedo ajustar la temperatura
del agua.

· 샤워기에서 물이 안 나와요.

노 쌀레 **아구**아 데 라 **두**차.
No sale agua de la ducha.

· 변기 물이 안 내려가요.

노 바하 엘 **아구**아 델 이**노도**로.
No baja el agua del inodoro.

18 인터넷 📶

Internet
[인떼르넷]

· 인터넷이 안돼요.
노 푼씨오나 인떼르넷.
No funciona Internet.

· 랜선이 없어요.
노 아이 **까**블레 데 란.
No hay cable de LAN.

· 와이파이가 안 잡혀요.
노 푼씨오나 엘 위피.
No funciona el Wi-Fi.

· 와이파이 잡히는 데 어디예요?
돈데 아이 위피?
¿Dónde hay Wi-Fi?

· 컴퓨터 쓸 수 있는 데 어디예요?
돈데 뿌에도 우싸르 운 오르데나도르?
¿Dónde puedo usar un ordenador?

TIP 간혹 와이파이를 무선 인터넷을 의미하는 Internet Inalámbrico[인떼르넷 인알람브리꼬]로 표기해 놓은 곳도 있다.

호텔

19 텔레비전 **televisión**
[뗄레비씨온]

· 텔레비전이 안 나와요.

노 푼씨오나 라 뗄레비씨온.
No funciona la televisión.

· 리모컨이 안돼요.

노 푼씨오나 엘 만도.
No funciona el mando.

20 청소하다 **limpiar**
[림삐아르]

· 청소해 주세요.

림삐에 미 아비따씨온, 뽀르 파보르.
Limpie mi habitación, por favor.

· 청소 안 해주셔도 됩니다.

노 띠에네 께 림삐아르 미 아비따씨온.
No tiene que limpiar mi habitación.

· 오후에 청소해 주세요.

림삐에 미 아비따씨**온** 에스따 **따**르데, 뽀르 파**보르**.
Limpie mi habitación esta tarde, por favor.

· 쓰레기통이 안 비워져 있어요.

라 빠**뻴**레라 노 에스**따** 바씨아.
La papelera no está vacía.

21 모닝콜 ☼🔔

servicio de despertador
[쎄르**비**씨오 데 데스뻬르따**도**르]

· 모닝콜 해 주세요.

끼에로 엘 쎄르**비**씨오 데 데스뻬르따**도**르.
Quiero el servicio de despertador.

· 7시에 해 주세요.

아 라스 씨에떼, 뽀르 파**보**르.
A las 7, por favor.

· 모닝콜 취소할게요.

보이 아 깐쎌**라**르 엘 쎄르**비**씨오 데 데스뻬르따**도**르.
Voy a cancelar el servicio de despertador.

호텔

· 모닝콜 연달아 두 번 해 주세요.

야메메 도스 **베**쎄스 쎄**기**다스 **빠**라 데스뻬르**따**르메, 뽀르 파**보**르.
Llámeme dos veces seguidas para despertarme, por favor.

22 룸서비스

servicio de habitaciones
[쎄르**비**씨오 데 아비따씨**오**네스]

· 룸서비스 시킬게요.

끼**에**로 뻬**디**르 엘 쎄르**비**씨오 데 아비따씨**오**네스.
Quiero pedir el servicio de habitaciones.

· 룸서비스 메뉴 보고 싶어요.

끼**에**로 베르 엘 메**누** 델 쎄르**비**씨오 데 아비따씨**오**네스.
Quiero ver el menú del servicio de habitaciones.

· 룸서비스로 아침 갖다주세요.

뜨라이가메 엘 데싸**유**노 알 라 아비따씨**온**.
Tráigame el desayuno a la habitación.

· 룸서비스로 와인 갖다주세요.

끼에로 께 메 뜨라이가 우나 보떼야 데 비노 알 라 아비따씨온.
Quiero que me traiga una botella de vino a la habitación.

23 세탁 서비스 📷

servicio de lavandería
[쎄르비씨오 데 라반데리아]

· 세탁 서비스 신청할게요.

끼에로 엘 쎄르비씨오 데 라반데리아.
Quiero el servicio de lavandería.

· 세탁 서비스 언제 와요?

꾸안도 비에네 엘 쎄르비씨오 데 라반데리아?
¿Cuándo viene el servicio de lavandería?

· 세탁물이 망가졌어요.

메 안 에스뜨로뻬아도 라 ㄹ로빠.
Me han estropeado la ropa.

호텔

24 체크아웃 🧳

salida
[쌀리다]

· 체크아웃 할게요.

보이 아 아쎄르 라 **쌀리다.**
Voy a hacer la salida.

· 체크아웃 몇 시예요?

아 **께 오**라 에스 라 **쌀리다?**
¿A qué hora es la salida?

· 하루 더 연장할게요.

끼에로 엑스뗀데르 운 **디아 마스**
미 에스**딴**씨아.
Quiero extender un día más mi
estancia.

25 계산서 📄

cuenta
[꾸엔따]

· 계산서 보여 주세요.

무에스뜨레메 라 꾸**엔**따, 뽀르 파
보르.
Muéstreme la cuenta, por favor.

· 계산서 틀렸어요.

라 꾸**엔**따 에스**따** 말.
La cuenta está mal.

기내 30p   공항 46p   거리 70p   택시&버스 86p   전철&기차 100p

· 자세한 계산서 보여
  주세요.

끼에로 우나 꾸엔따 데따야다.
Quiero una cuenta detallada.

26 추가 요금 ✚

coste adicional
[꼬스떼 아디씨오날]

· 추가 요금이 붙었는데요.

아이 운 **꼬**스떼 아디씨오날.
Hay un coste adicional.

· 어떤 게 추가된 거예요?

꾸**알** 에스 엘 **꼬**스떼 아디씨오날?
¿Cuál es el coste adicional?

· 이 추가 요금 설명해
  주세요.

엑스쁠리**께**메 **쏘**브레 **에**스떼 꼬스
떼 아디씨오날, 뽀르 파**보**르.
Explíqueme sobre este coste
adicional, por favor.

호텔

27 미니바 **minibar**
[미니**바**르]

· 미니바 이용 안 했는데요.

노 에 우**싸**도 엘 미니**바**르.
No he usado el minibar.

· 미니바에서 물만 마셨어요.

쏠라**멘**떼 에 또**마**도 **우**나 보**떼**야 데 **아**구아 델 미니**바**르.
Solamente he tomado una botella de agua del minibar.

· 미니바에서 맥주만 마셨어요.

쏠라**멘**떼 에 또**마**도 **우**나 쎄르**베**싸 델 미니**바**르.
Solamente he tomado una cerveza del minibar.

· 미니바 요금이 잘못됐어요.

엘 ㄹ레**씨**보 델 미니**바**르 에스 인**꼬**ㄹ**렉**또.
El recibo del minibar es incorrecto.

28 요금 💸

coste
[꼬스떼]

· 이 요금은 뭐죠?

께 에스 에스떼 **꼬스떼**?
¿Qué es este coste?

· 요금이 더 나온 거 같은데요.

끄레오 께 메 안 꼬브**라**도 **마**스 데 로 께 쎄 **데**베.
Creo que me han cobrado más de lo que se debe.

· 요금 합계가 틀렸어요.

엘 또딸 에스**따** 말.
El total está mal.

29 택시 🚗

taxi
[딱씨]

· 택시 좀 불러 주세요.

야메 운 **딱씨**, 뽀르 파보르.
Llame un taxi, por favor.

· 택시비가 비싼가요?

에스 **까**로 또마르 운 **딱씨**?
¿Es caro tomar un taxi?

호텔 118p   식당 152p   관광 186p   쇼핑 214p   귀국 234p

호텔

· 택시로 어디 가시나요?　　　아 돈데 바 아 이르 엔 딱씨?
　　　　　　　　　　　　　　　¿A dónde va a ir en taxi?

30 공항 ✈　　　　　aeropuerto
　　　　　　　　　　　　　　[아에로뿌에르또]

· 공항 갈 거예요.　　　　　보이 알 아에로뿌에르또.
　　　　　　　　　　　　　　Voy al aeropuerto.

· 공항 가려면 뭐 타요?　　　꼬모 뿌에도 이르 알 아에로뿌에
　　　　　　　　　　　　　　르또?
　　　　　　　　　　　　　　¿Cómo puedo ir al aeropuerto?

· 공항 가는 버스 있어요?　　아이 알군 아우또부스 께 바야 알
　　　　　　　　　　　　　　아에로뿌에르또?
　　　　　　　　　　　　　　¿Hay algún autobús que vaya
　　　　　　　　　　　　　　al aeropuerto?

위급상황

호텔

· 텔레비전이 고장이에요.　　**노** 푼씨**오**나 라 뗄레비씨**온**.
No funciona la televisión.

· 컴퓨터가 고장이에요.　　**노** 푼씨**오**나 엘 오르데나**도**르.
No funciona el ordenador.

· 전화기가 고장이에요.　　**노** 푼씨**오**나 엘 뗄레포노.
No funciona el teléfono.

· 샤워기가 고장이에요.　　**노** 푼씨**오**나 라 망게라 데 라 **두**차.
No funciona la manguera de la
ducha.

· 비데가 고장이에요.　　**노** 푼씨**오**나 엘 비데.
No funciona el bidé.

· 문이 안 열려요.　　**노** 쎄 **아**브레 라 뿌**에**르따.
No se abre la puerta.

· 화장실 문이 안 열려요.　　**노** 쎄 **아**브레 라 뿌에르따 델 **바뇨**.
No se abre la puerta del baño.

· 방에 갇혔어요.　　　　　　에스**또**이 엔쎄ㄹ**라**도/다 엔 미 아
　　　　　　　　　　　　　비따씨**온**.
　　　　　　　　　　　　　Estoy encerrado/a en mi
　　　　　　　　　　　　　habitación.

· 엘리베이터에 갇혔어요.　　에스**또**이 엔쎄ㄹ**라**도/다 엔 엘 아
　　　　　　　　　　　　　쎈**쏘**르.
　　　　　　　　　　　　　Estoy encerrado/a en el
　　　　　　　　　　　　　ascensor.

· 화장실에 갇혔어요.　　　　에스**또**이 엔쎄ㄹ**라**도/다 엔 엘 **바**
　　　　　　　　　　　　　뇨.
　　　　　　　　　　　　　Estoy encerrado/a en el baño.

· 방 키를 잃어버렸어요.　　에 뻬르**디**도 라 **야**베 데 미 아비따
　　　　　　　　　　　　　씨**온**.
　　　　　　　　　　　　　He perdido la llave de mi
　　　　　　　　　　　　　habitación.

· 여권을 잃어버렸어요.　　　에 뻬르**디**도 미 빠싸**뽀**르떼.
　　　　　　　　　　　　　He perdido mi pasaporte.

호텔

· 휴대폰을 잃어버렸어요.　　에 뻬르**디**도 미 뗄레포노 **모**빌.
　　　　　　　　　　　　　　He perdido mi teléfono móvil.

· 노트북을 잃어버렸어요.　　에 뻬르**디**도 미 오르데나**도**르 뽀
　　　　　　　　　　　　　　르**따**띨.
　　　　　　　　　　　　　　He perdido mi ordenador
　　　　　　　　　　　　　　portátil.

· 귀중품을 잃어버렸어요.　　에 뻬르**디**도 미스 옵**헤**또스 데 발
　　　　　　　　　　　　　　로르.
　　　　　　　　　　　　　　He perdido mis objetos de valor.

· 룸서비스가 안 와요.　　　**노** 비**에**네 엘 쎄르**비**씨오 데 아비
　　　　　　　　　　　　　　따씨**오**네스.
　　　　　　　　　　　　　　No viene el servicio de
　　　　　　　　　　　　　　habitaciones.

· 세탁 서비스가 안 와요.　　**노** 비**에**네 엘 쎄르**비**씨오 데 라반
　　　　　　　　　　　　　　데**리**아.
　　　　　　　　　　　　　　No viene el servicio de
　　　　　　　　　　　　　　lavandería.

· 물이 안 나와요.　　　　　　　**노 쌀**레 **아구**아.
　　　　　　　　　　　　　　No sale agua.

· 제 캐리어 도둑맞았어요.　　　안 ㄹ로바도 미 말**레**따.
　　　　　　　　　　　　　　Han robado mi maleta.

· 제 짐 도둑맞았어요.　　　　　안 ㄹ로바도 미 에끼**빠**헤.
　　　　　　　　　　　　　　Han robado mi equipaje.

· 속이 안 좋아요.　　　　　　　메 씨**엔**또 엔페르모/마.
　　　　　　　　　　　　　　Me siento enfermo/a.

· 배가 아파요.　　　　　　　　**뗑**고 돌로르 데 에스**또**마고.
　　　　　　　　　　　　　　Tengo dolor de estómago.

· 머리가 아파요.　　　　　　　**뗑**고 돌로르 데 까**베**싸.
　　　　　　　　　　　　　　Tengo dolor de cabeza.

· 응급차 불러 주세요.　　　　　**야**메 **우**나 암불**란**씨아, 뽀르 파**보**
　　　　　　　　　　　　　　르.
　　　　　　　　　　　　　　Llame una ambulancia, por
　　　　　　　　　　　　　　favor.

호텔

빨리찾아

09	수프	sop [쏘빠]
10	샐러드	ensalada [엔쌀라다]
11	스테이크	filete [필레떼]
12	해산물	marisco [마리스꼬]
13	닭	pollo [뽀요]
14	음료	bebida [베비다]
15	포크	tenedor [떼네도르]
16	나이프	cuchillo [꾸치요]

식당

17	디저트	postre [뽀스뜨레]
18	휴지	papel higiénico [빠뻴 이히에니꼬]
19	계산서	cuenta [꾸엔따]
20	신용카드	tarjeta de crédito [따르헤따 데 끄레디또]
21	팁	propina [쁘로삐나]
22	햄버거	hamburguesa [암부르게싸]
23	감자튀김	patatas fritas [빠따따스 프리따스]
24	세트	menú [메누]

25	단품	solo [쏠로]
26	여기서 먹을게요	para tomar aquí [빠라 또마르 아끼]
27	포장이요	para llevar [빠라 예바르]
28	소스	salsa [쌀싸]
29	얼음	hielo [이엘로]
30	냅킨	servilleta [쎄르비예따]
31	뜨거운	caliente [깔리엔떼]
32	아이스	con hielo [꼰 이엘로]

식당

식당에서

01 2명이요

dos personas
[도스 뻬르쏘나스]

· 2명이요.

우나 메싸 빠라 도스 뻬르쏘나스.
Una mesa para dos personas.

· 3명이요.

우나 메싸 빠라 뜨레스 뻬르쏘나스.
Una mesa para tres personas.

· 혼자예요.

쏠로 요.
Solo yo.

02 예약

식당

reserva
[ㄹ레쎄르바]

· 예약했어요.

뗑고 우나 ㄹ레쎄르바.
Tengo una reserva.

· 예약 안 했어요.	**노 뗑고** ㄹ레쎄르바.
	No tengo reserva.
· 2명으로 예약했어요.	**뗑고 우나** ㄹ레쎄르바 **빠라 도스**
	뻬르쏘나스.
	Tengo una reserva para dos
	personas.
· 3명으로 예약했어요.	**뗑고 우나** ㄹ레쎄르바 **빠라 뜨레**
	스 뻬르쏘나스.
	Tengo una reserva para tres
	personas.
· 제 이름 Yessi로 예약했어요.	**뗑고 우나** ㄹ레쎄르바 **아 놈브레**
	데 예씨.
	Tengo una reserva a nombre de
	Yessi.

03 테이블 🍸   mesa
[메싸]

| · 다른 자리로 주세요. | **데메 오뜨라 메싸**, 뽀르 파보르. |
| | Deme otra mesa, por favor. |

· 창가 자리로 주세요.

데메 우나 메싸 세르까 데 라 벤따
나, 뽀르 파보르.

Deme una mesa cerca de la
ventana, por favor.

04 웨이터

camarero/a (señorita)
[까마레로/라 (쎄뇨리따)]

· 여기요!

남자일 때: 까마레로!
여자일 때: 까마레라!(쎄뇨리따!)
¡Camarero!
¡Camarera!(¡Señorita!)

· 매니저를 불러 줘요.

야메 알 헤렌떼, 뽀르 파보르.
Llame al gerente, por favor.

식당

> **TIP** 웨이터를 스페인에서는 camarero[까마레로], camarera[까마레라]
> 멕시코, 과테말라 등 중미 대부분에서는 mesero[메쎄로], mesera[메쎄라]
> 아르헨티나, 페루, 칠레 등 남미 대부분에서는 mozo[모쏘], moza[모싸]

호텔 118p   식당 152p   관광 186p   쇼핑 214p   귀국 234p

05 주문하다 pedir
[뻬디르]

· 주문하시겠어요?

바 아 뻬디르?
¿Va a pedir?

· 주문할게요.

끼에로 뻬디르.
Quiero pedir.

06 메뉴 menú
[메누]

· 메뉴 어떤 걸로 하실래요?

께 메누 레 구스따리아 꼬메르?
¿Qué menú le gustaría comer?

· 오늘의 메뉴는 뭐죠?

꾸알 에스 엘 메누 델 디아?
¿Cuál es el menú del día?

· 메뉴 잘못 나왔어요.

메 디오 엘 쁠라또 에끼보까도.
Me dio el plato equivocado.

07 추천 👍

recomendación
[ㄹ레꼬멘다씨온]

· 메뉴 추천해 주실래요?

메 ㄹ레꼬미엔다 알군 메누?
¿Me recomienda algún menú?

· 이 둘 중에 뭘 추천해요?

꾸알 데 에스또스 도스 메 ㄹ레꼬
미엔다?
¿Cuál de estos dos me
recomienda?

· 좋은 와인 추천해 주세요.

ㄹ레꼬미엔데메 운 부엔 비노, 뽀
르 파보르.
Recomiéndeme un buen vino,
por favor.

08 애피타이저

aperitivo
[아뻬리띠보]

식당

· 애피타이저는 어떤 걸로
하실래요?

께 아뻬리띠보 레 구스따리아 또
마르?
¿Qué aperitivo le gustaría
tomar?

· 애피타이저 추천해
주실래요?

메 뿌에데 ㄹ레꼬멘다르 알**군** 아
뻬리**띠**보?

¿Me puede recomendar algún
aperitivo?

09 수프 🍲 **sopa**
[쏘빠]

· 수프는 어떤 게 있죠?

께 **아**이 데 **쏘**빠?
¿Qué hay de sopa?

· 오늘의 수프가 있나요?

띠에네 **쏘**빠 델 **디**아?
¿Tiene sopa del día?

10 샐러드 🥗 **ensalada**
[엔쌀**라**다]

· 샐러드 대신 수프로 주세
요.

데메 **쏘**빠 엔 베스 데 엔쌀**라**다, 뽀
르 파보르.
Deme sopa en vez de ensalada,
por favor.

· 그냥 기본 샐러드 주세요.

데메 우나 엔쌀라다 **바**씨까, 뽀르
파보르.

Deme una ensalada básica, por
favor.

· 샐러드 드레싱은 뭐가
있어요?

께 아데레쏘 띠에네 **빠**라 라 엔쌀
라다?

¿Qué aderezo tiene para la
ensalada?

11 스테이크 　filete
[필레떼]

· 스테이크로 할게요.

끼에로 운 필레떼.

Quiero un filete.

· 스테이크 굽기는 어떻게
해 드릴까요?

꼬모 끼**에**레 쑤 필레떼?

¿Cómo quiere su filete?

· 레어로 해 주세요.

까씨 끄루도, 뽀르 파보르.

Casi crudo, por favor.

식당

· 미디엄으로 해 주세요.   **알 뿐또, 뽀르 파보르.**

Al punto, por favor.

· 웰던으로 해 주세요.   **비엔 에초, 뽀르 파보르.**

Bien hecho, por favor.

TIP   스테이크를 뜻하는 동의어로는 bife[비페], bistec[비스떽]

---

12 해산물   **marisco**
[마리스꼬]

· 해산물 요리로 할게요.   **보이 아 꼬메르 마리스꼬.**

Voy a comer marisco.

· 해산물 알레르기가 있어요.   **뗑고 알레르히아 알 마리스꼬.**

Tengo alergia al marisco.

13 닭

pollo
[뽀요]

· 닭 요리로 할게요.

보이 아 꼬메르 **뽀요**.
Voy a comer pollo.

· 닭 요리로 추천해 주세요.

ㄹ레꼬미**엔**데메 알**군** 쁠**라**또 데
뽀요.
Recomiéndeme algún plato de
pollo.

· 닭이 덜 익었어요.

에스떼 **뽀요** 에스**따 뽀꼬** 에초.
Este pollo está poco hecho.

14 음료

bebida
[베**비**다]

식당

· 음료는 어떤 게 있어요?

께 아이 데 베**베**르?
¿Qué hay de beber?

· 그냥 물 주세요.

쏠로 아**구**아, 뽀르 파보르.
Solo agua, por favor.

· 탄산수 주세요.	**아**구아 꼰 가스, **뽀**르 파보르. Agua con gas, por favor.
· 사이다 주세요.	운 에스쁘라잇, **뽀**르 파보르. Un Sprite, por favor.
· 오렌지 주스 주세요.	운 **쑤**모 데 나랑하, **뽀**르 파보르. Un zumo de naranja, por favor.
· 와인 한 잔 주세요.	운 **바**소 데 **비**노, **뽀**르 파보르. Un vaso de vino, por favor.
· 아이스티 주세요.	운 네스**띠**, **뽀**르 파보르. Un Nestea, por favor.

TIP 주스를 스페인에서는 zumo[쑤모] 중남미에서는 jugo[후고]

15 포크 tenedor
[떼네**도**르]

· 포크 떨어뜨렸어요.   쎄 메 아 까**이**도 엘 떼네**도**르.
Se me ha caído el tenedor.

· 포크 하나 더 주세요.　　　　운 떼네**도**르 **마**스, **뽀**르 파**보**르.
　　　　　　　　　　　　　　　Un tenedor más, por favor.

· 다른 포크로 주세요.　　　　**오**뜨로 떼네**도**르, **뽀**르 파**보**르.
　　　　　　　　　　　　　　　Otro tenedor, por favor.

16 나이프 ✎∞　　　　cuchillo
　　　　　　　　　　　　　　　[꾸치요]

· 나이프 떨어뜨렸어요.　　　　**쎄** 메 아 **까**이도 엘 꾸**치**요.
　　　　　　　　　　　　　　　Se me ha caído el cuchillo.

· 나이프 하나 더 주세요.　　　　운 꾸**치**요 **마**스, **뽀**르 파**보**르.
　　　　　　　　　　　　　　　Un cuchillo más, por favor.

· 다른 나이프로 주세요.　　　　**오**뜨로 꾸**치**요, **뽀**르 파**보**르.
　　　　　　　　　　　　　　　Otro cuchillo, por favor.

식당

호텔 118p　　　식당 152p　　　관광 186p　　　쇼핑 214p　　　귀국 234p

17 디저트

postre
[뽀스뜨레]

· 디저트 뭐 있어요?

께 아이 데 **뽀스뜨레**?
¿Qué hay de postre?

· 이제 디저트 먹을게요.

보이 아 꼬메르 엘 **뽀스뜨레** 아**오**
라.
Voy a comer el postre ahora.

· 아이스크림 종류는 뭐
있어요?

꾸안또스 싸**보**레스 데 엘**라**도 띠
에네?
¿Cuántos sabores de helado
tiene?

· 디저트는 안 먹을게요.

노 보이 아 꼬메르 **뽀스뜨레**.
No voy a comer postre.

18 휴지 📜

papel higiénico
[빠뻴 이히에니꼬]

· 화장실에 휴지가 없어요.

노 아이 빠뻴 이히에니꼬 엔 엘 **바
뇨.**
No hay papel higiénico en el
baño.

· 물티슈 있어요?

띠에네 또아이따스 우메다스?
¿Tiene toallitas húmedas?

19 계산서 🧾

cuenta
[꾸엔따]

· 계산할게요.

야 **보**이 아 빠가르.
Ya voy a pagar.

· 계산서 주실래요?

메 뜨라에 라 꾸엔따, 뽀르 파보르?
¿Me trae la cuenta, por favor?

· 이 메뉴 안 시켰는데요.

노 에 뻬디도 에스떼 쁠라또.
No he pedido este plato.

식당

호텔 118p   식당 152p   관광 186p   쇼핑 214p   귀국 234p

· 세금 포함한 금액이에요?　에스**따** 인끌루**이**도 엘 **이**바?
　　　　　　　　　　　　¿Está incluido el IVA?

20 신용카드 　tarjeta de crédito
[따르헤따 데 끄레디또]

· 신용카드 되나요?　　　아**쎕**따 따르헤**따**스 데 끄레디또?
　　　　　　　　　　　　¿Acepta tarjetas de crédito?

· 현금으로 할게요.　　　**보**이 아 빠가르 엔 에펙**띠**보.
　　　　　　　　　　　　Voy a pagar en efectivo.

21 팁 　propina
[쁘로**삐**나]

· 팁 여기요.　　　　　아**끼** 에스**따** 라 쁘로**삐**나.
　　　　　　　　　　Aquí está la propina.

· 팁은 포함 안 되어 있습니　라 쁘로**삐**나 노 에스**따** 인끌루이
다.　　　　　　　　　다.
　　　　　　　　　　La propina no está incluida.

· 팁은 테이블 위에 두었어요.	에 데하도 쑤 쁘로뼤나 엔 라 메싸. He dejado su propina en la mesa.

22 햄버거

hamburguesa
[암부르게싸]

· 햄버거 하나만 할게요.	**쏠로 우**나 암부르게싸, 뽀르 파**보르**. Solo una hamburguesa, por favor.
· 햄버거로만 두 개요.	**쏠로 도스 암부르게싸스, 뽀르 파보르.** Solo dos hamburguesas, por favor.
· 햄버거 하나에 얼마예요?	꾸안또 꾸에스따 **쏠로 우**나 암부르게싸? ¿Cuánto cuesta solo una hamburguesa?

식당

23 감자튀김 🍟

patatas fritas
[빠따따스 프리따스]

· 감자튀김만 하나 할게요.

보이 아 꼬메르 쏠로 빠따따스 프리따스.
Voy a comer solo patatas fritas.

· 감자튀김만 얼마예요?

꾸안또 꾸에스딴 쏠로 라스 빠따따스 프리따스?
¿Cuánto cuestan solo las patatas fritas?

24 세트 🍔🥤

menú
[메누]

· 5번 세트 주세요.

끼에로 엘 메누 누메로 씽꼬.
Quiero el menú número cinco.

· 세트 가격이에요?

에스 엘 쁘레씨오 또딸 델 메누?
¿Es el precio total del menú?

25 단품

solo
[쏠로]

· 아니요, 단품으로요.

노, 쏠로 라 꼬미다.
No, solo la comida.

> **TIP** 스페인어에는 '단품'이라는 뜻을 가진 단어가 없다. 대신 위 예문에서 음식을 뜻하는 'la comida[라 꼬미다]'의 자리에 햄버거, 치킨 등 원하는 요리를 대입하면 햄버거 단품, 치킨 단품 등을 원한다는 표현이 된다.

26 여기서 먹을게요

para tomar aquí
[빠라 또마르 아끼]

· 드시고 가세요? 아니면 포장이세요?

빠라 또마르 아끼 오 빠라 예바르?
¿Para tomar aquí o para llevar?

· 여기서 먹을 거예요.

보이 아 꼬메르 아끼.
Voy a comer aquí.

식당

27 포장하다 🛍️

para llevar
[빠라 예**바**르]

· 포장이에요.
빠라 예바르.
Para llevar.

· 감자튀김만 포장해 주세요.
쏠로 라스 빠따따스 빠라 예바르,
뽀르 파보르.
Solo las patatas para llevar, por
favor.

· 햄버거만 포장해 주세요.
쏠로 라 암부르게싸 빠라 예바르,
뽀르 파보르.
Solo la hamburguesa para
llevar, por favor.

28 소스 🧂

salsa
[쌀싸]

· 소스는 뭐뭐 있어요?
께 쌀싸 띠에네?
¿Qué salsa tiene?

· 그냥 케첩 주세요.

끼에로 껫춥.
Quiero ketchup.

· 칠리 소스 주세요.

끼에로 쌀싸 삐깐떼.
Quiero salsa picante.

29 얼음

hielo
[이엘로]

· 얼음 많이 주세요.

무초 이엘로, 뽀르 파보르.
Mucho hielo, por favor.

· 얼음 조금만 주세요.

뽀꼬 이엘로, 뽀르 파보르.
Poco hielo, por favor.

· 얼음 빼고 주세요.

씬 이엘로, 뽀르 파보르.
Sin hielo, por favor.

식당

30 냅킨

servilleta
[쎄르비예따]

· 냅킨 어디 있어요?

돈데 에스딴 라스 쎄르비예따스?
¿Dónde están las servilletas?

· 냅킨 더 주세요.

데메 **마**스 쎄르비**예**따스, 뽀르 파
보르.
Deme más servilletas, por favor.

31 뜨거운   caliente
[깔리엔떼]

· 뜨거운 아메리카노
한 잔이요.

운 까**페** 아메리**까**노 깔리**엔**떼, 뽀
르 파**보**르.
Un café americano caliente, por
favor.

· 뜨거운 라테 한 잔이요.

운 **라**테 깔리**엔**떼, 뽀르 파**보**르.
Un latte caliente, por favor.

· 머그에 뜨거운 물 좀
주세요.

데메 **우**나 **따**싸 데 **아**구아 깔리**엔**
떼, 뽀르 파**보**르.
Deme una taza de agua
caliente, por favor.

32 아이스

con hielo
[꼰 이엘로]

· 아이스 아메리카노
  한 잔이요.

운 까페 아메리**까**노 꼰 이엘로, 뽀
르 파**보**르.
Un café americano con hielo,
por favor.

· 아이스 라테 한 잔이요.

운 **라**테 꼰 이엘로, 뽀르 파보르.
Un latte con hielo, por favor.

· 얼음물 주세요.

데메 운 **바**쏘 데 **아**구아 꼰 이엘로,
뽀르 파**보**르.
Deme un vaso de agua con
hielo, por favor.

33 우유

leche
[레체]

식당

· 우유 많이 넣어 주세요.

꼰 **무**차 레체, 뽀르 파보르.
Con mucha leche, por favor.

호텔 118p   식당 152p   관광 186p   쇼핑 214p   귀국 234p

· 우유 어떤 걸로 넣어 드릴 까요?

께 띠뽀 데 레체 쁘레피에레?
¿Qué tipo de leche prefiere?

· 저지방 우유로 넣어 주세요.

레체 쎄미데스나따다, 뽀르 파보르.
Leche semidesnatada, por favor.

· 두유로 넣어 주세요.

레체 데 쏘하, 뽀르 파보르.
Leche de soja, por favor.

TIP 두유를 멕시코를 포함한 일부 중미 국가에서는 soya[쏘야]

---

34 사이즈

tamaño
[따마뇨]

· 사이즈 어떤 걸로 드려요?

데 께 따마뇨?
¿De qué tamaño?

· 제일 큰 거 주세요.

끼에로 엘 마스 그란데.
Quiero el más grande.

· 제일 작은 거 주세요.　　　　끼에로 엘 마스 뻬께뇨.
　　　　　　　　　　　　　　Quiero el más pequeño.

35 케이크 🍰　　　　**pastel**
　　　　　　　　　　　　　　[빠스뗄]

· 케이크 종류 뭐 있어요?　　**께** 빠스뗄레스 띠에네?
　　　　　　　　　　　　　　¿Qué pasteles tiene?

· 이 케이크는 얼마예요?　　**꾸안또 꾸에스따 에스떼** 빠스뗄?
　　　　　　　　　　　　　　¿Cuánto cuesta este pastel?

· 한 조각 주세요.　　　　　　끼**에로 우나** ㄹ레바나다.
　　　　　　　　　　　　　　Quiero una rebanada.

· 초콜릿 케이크 주세요.　　　끼에로 운 빠스뗄 데 초꼴라떼.
　　　　　　　　　　　　　　Quiero un pastel de chocolate.

· 치즈 케이크 주세요.　　　　끼에로 운 빠스뗄 데 께쏘.
　　　　　　　　　　　　　　Quiero un pastel de queso.

식당

36 베이글

bagel
[바헬/베이글]

· 베이글 있어요?

띠에네 빤 데 바헬?
¿Tiene pan de bagel?

· 베이글 뭐 있어요?

께 띠뽀 데 바헬 띠에네?
¿Qué tipo de bagel tiene?

· 데워 드릴까요?

로 끼에레 깔리엔떼?
¿Lo quiere caliente?

37 샌드위치

sándwich
[싼드위치]

· 샌드위치 있어요?

띠에네 **싼드위체스?**
¿Tiene sándwiches?

· 샌드위치 뭐 있어요?

께 싼드위체스 띠에네?
¿Qué sándwiches tiene?

· 빵 종류는 어떤 걸로
드릴까요?

께 띠뽀 데 빤 끼에레?
¿Qué tipo de pan quiere?

· 그냥 밀가루 빵이요.　　　데 빤 블랑꼬, 뽀르 파보르.
　　　　　　　　　　　　　De pan blanco, por favor.

· 호밀 빵이요.　　　　　　데 빤 인떼그랄.
　　　　　　　　　　　　　De pan integral.

· 여기엔 뭐 들어 있어요?　**께 예바 덴뜨로?**
　　　　　　　　　　　　　¿Qué lleva dentro?

· 양파 빼 주세요.　　　　 씬 쎄**보**야, 뽀르 파**보**르.
　　　　　　　　　　　　　Sin cebolla, por favor.

· 야채 추가요.　　　　　　끼**에**로 아냐**디**르 베르두라스, 뽀
　　　　　　　　　　　　　르 파**보**르.
　　　　　　　　　　　　　Quiero añadir verduras, por
　　　　　　　　　　　　　favor.

· 치즈 추가요.　　　　　　끼**에**로 아냐**디**르 께쏘, 뽀르 파보
　　　　　　　　　　　　　르.
　　　　　　　　　　　　　Quiero añadir queso, por favor.

· 햄 추가요.　　　　　　　끼**에**로 아냐**디**르 하몬, 뽀르 파**보**
　　　　　　　　　　　　　르.
　　　　　　　　　　　　　Quiero añadir jamón, por favor.

식당

181

38 와이파이 📶

Wi-Fi
[위피]

· 여기 와이파이 되나요?

아이 위피 엔 **에스**떼 루가르?
¿Hay Wi-Fi en este lugar?

· 와이파이 비밀번호 뭐예요?

꾸알 에스 라 꼰뜨라쎄냐 데 **위피**?
¿Cuál es la contraseña de Wi-Fi?

· 와이파이 좀 연결해 주세요.

꼬넥떼메 알 **위피**, 뽀르 파보르.
Conécteme al Wi-Fi, por favor.

39 화장실 🚻

baño
[바뇨]

· 화장실은 어디 있어요?

돈데 에스**따** 엘 **바뇨**?
¿Dónde está el baño?

· 화장실이 잠겼는데요.

엘 **바뇨** 에스**따** 쎄ㄹ라도.
El baño está cerrado.

TIP 공중화장실을 스페인에서는 servicio[쎄르비씨오]

기내 30p   공항 46p   거리 70p   택시&버스 86p   전철&기차 100p

위급상황

식당

· 이거 너무 짜요.	**에스또 에스따** 데마씨아도 쌀라도. Esto está demasiado salado.
· 이거 너무 뜨거워요.	**에스또 에스따** 데마씨아도 깔리엔떼. Esto está demasiado caliente.
· 이거 너무 차가워요.	**에스또 에스따** 데마씨아도 프리오. Esto está demasiado frío.
· 데워 주세요.	깔리엔뗄로, 뽀르 파보르. Caliéntelo, por favor.
· 이거 너무 매워요.	**에스또 에스따** 데마씨아도 삐깐떼. Esto está demasiado picante.
· 너무 싱거워요.	**에스또 에스따** 데마씨아도 쏘쏘. Esto está demasiado soso.

· 소금 좀 주세요.   뜨라이가메 운 **뽀**꼬 데 쌀, 뽀르 파**보**르.
Tráigame un poco de sal, por favor.

· 이거 맛이 이상한데요.   에스또 싸베 ㄹ라로.
Esto sabe raro.

· 리필 되나요?   뿌에데 ㄹ레예**나**를로?
¿Puede rellenarlo?

· 이거 리필해 주세요.   ㄹ레**예**넬로, 뽀르 파보르.
Rellénelo, por favor.

· 다른 음료로 리필해 주세요.   ㄹ레예네 미 **바**쏘 꼰 **오**뜨라 베**비**다, 뽀르 파보르.
Rellene mi vaso con otra bebida, por favor.

· 우유가 없어요.   **노 아**이 레체.
No hay leche.

· 소금이 없어요.   **노 아**이 쌀.
No hay sal.

식당

빨리찾아

관광

25	휴식 시간	descanso [데스깐쏘]
26	자막	subtítulo [숩띠뚤로]
27	금지	no [노]
28	화장실	baño [바뇨]

관광

관광할 때

01 매표소

taquilla de billetes
[따끼야 데 비예떼스]

· 매표소 어디예요?

돈데 에스**따** 라 따**끼**야 데 비**예**떼스?

¿Dónde está la taquilla de billetes?

· 매표소 가까워요?

에스**따 쎄**르까 라 따**끼**야 데 비**예**떼스?

¿Está cerca la taquilla de billetes?

· 매표소로 데려다주세요.

예베메 알 라 따**끼**야 데 비**예**떼스, 뽀르 파**보**르.

Lléveme a la taquilla de billetes, por favor.

TIP 매표소를 뜻하는 동의어로는 boletería[볼레떼리아], ventanilla[벤따니야]

기내 30p　　공항 46p　　거리 70p　　택시&버스 86p　　전철&기차 100p

02 할인

descuento
[데스꾸엔또]

· 할인되나요?

아이 데스꾸엔또?
¿Hay descuento?

· 학생 할인되나요?

아이 데스꾸엔또 **빠**라 에스뚜디안
떼스?
¿Hay descuento para
estudiantes?

· 할인된 가격이에요?

에스 엘 쁘레씨오 꼰 데스꾸엔또?
¿Es el precio con descuento?

03 입구

entrada
[엔뜨라다]

· 입구가 어디예요?

돈데 에스**따** 라 엔뜨라다?
¿Dónde está la entrada?

관광

· 입구가 안 보여요.　　　　**노 베오** 라 엔뜨라다.
　　　　　　　　　　　　　No veo la entrada.

· 이 방향이 입구예요?　　　에스**따** 라 엔뜨라다 엔 에스따 디
　　　　　　　　　　　　　렉씨온?
　　　　　　　　　　　　　¿Está la entrada en esta
　　　　　　　　　　　　　dirección?

04 출구 🏃

salida
[쌀리다]

· 출구가 어디죠?　　　　　**돈데** 에스**따** 라 쌀리다?
　　　　　　　　　　　　　¿Dónde está la salida?

· 출구가 안 보여요.　　　　**노 베오** 라 쌀리다.
　　　　　　　　　　　　　No veo la salida.

· 이 방향이 출구예요?　　　에스**따** 라 쌀리다 엔 에스**따** 디렉
　　　　　　　　　　　　　씨온?
　　　　　　　　　　　　　¿Está la salida en esta
　　　　　　　　　　　　　dirección?

05 입장료 💰

entrada
[엔뜨라다]

· 입장료가 얼마죠?

꾸안또 꾸에스따 라 엔뜨라다?
¿Cuánto cuesta la entrada?

· 어린이 입장료는 얼마죠?

꾸안또 꾸에스따 빠라 로스 니뇨스?
¿Cuánto cuesta para los niños?

· 어른 입장료는 얼마죠?

꾸안또 꾸에스따 빠라 로스 아둘또스?
¿Cuánto cuesta para los adultos?

· 입장료만 내면 다 볼 수 있나요?

라 엔뜨라다 로 꾸브레 또도?
¿La entrada lo cubre todo?

06 추천 👍

recomendación
[ㄹ레꼬멘다씨온]

관광

· 추천할 만한 볼거리 있어요?

께 메 ㄹ레꼬미엔다 베르?
¿Qué me recomienda ver?

호텔 118p   식당 152p   관광 186p   쇼핑 214p   귀국 234p

· 제일 추천하는 건 뭐예요? **께** 에스 로 께 **마스** 메 ㄹ레꼬미**엔**
다?
¿Qué es lo que más me
recomienda?

· 추천하는 코스가 있나요? **아**이 알**구**나 ㄹ**루**따 ㄹ레꼬멘**다**블
레?
¿Hay alguna ruta
recomendable?

07 여행 안내소 información turística
[인포르마씨온 뚜리스띠까]

· 여행 안내소가 어디예요? **돈**데 에스**따** 라 인포르마씨**온** 뚜
리스띠까?
¿Dónde está la información
turística?

· 여행 안내소가 여기서
멀어요? 에스**따** 레호스 데 아**끼** 라 인포르
마씨**온** 뚜**리**스띠까?
¿Está lejos de aquí la
información turística?

· 가까운 여행 안내소는
  어디예요?

돈데 에스**따** 라 인포르마씨**온** 뚜
리스띠까 **마**스 쎄르**까**나 **데**스데
아**끼**?

¿Dónde está la información
turística más cercana desde
aquí?

08 관광 명소 🗽

lugar turístico
[루가르 뚜리스띠꼬]

· 제일 유명한 관광 명소가
  어떤 거죠?

꾸알 에스 엘 루**가**르 뚜**리**스띠꼬
마스 파**모**쏘 데 아**끼**?

¿Cuál es el lugar turístico más
famoso de aquí?

· 관광 명소 추천해 주세요.

ㄹ레꼬미**엔**데메 알**구**노스 루**가**레
스 뚜**리**스띠꼬스, **뽀**르 파**보**르.

Recomiéndeme algunos
lugares turísticos, por favor.

관광

호텔 118p   식당 152p   관광 186p   쇼핑 214p   귀국 234p

09 브로슈어 **folleto**
[포예또]

· 브로슈어 어디서 구해요? | **돈**데 뿌**에**도 꼰쎄**기**르 운 포예또?
¿Dónde puedo conseguir un folleto?

· 브로슈어 하나 주세요. | **데**메 운 포예또, 뽀르 파**보**르.
Deme un folleto, por favor.

· 한국어 브로슈어 있어요? | 띠에**네** 운 포예또 엔 꼬레**아**노?
¿Tiene un folleto en coreano?

TIP 브로슈어의 동의어로는 panfleto[빤플레또]

---

10 영업 시간 🕐 **horario comercial**
[오라리오 꼬메르씨알]

· 영업 시간이 언제예요? | 꾸**알** 에스 쑤 오라리오 꼬메르씨**알**?
¿Cuál es su horario comercial?

기내 30p   공항 46p   거리 70p   택시&버스 86p   전철&기차 100p

· 언제 열어요?

아 **께 오**라 **아**브레?
¿A qué hora abre?

· 언제 닫아요?

아 **께 오**라 씨**에**ㄹ라?
¿A qué hora cierra?

11 시간표

horario
[오라리오]

· 시간표 어디서 봐요?

돈데 뿌에도 베르 엘 오라리오?
¿Dónde puedo ver el horario?

· 이 공연 시간표가 어떻게
되나요?

꾸**알** 에스 엘 오라리오 데 **에스**떼
에스**뻭따**꿀로?
¿Cuál es el horario de este
espectáculo?

· 해설사가 설명해주는 건
언제예요?

아 **께 오**라 엠삐**에싸** 라 엑스쁠리
까씨**온** 엘 **기**아?
¿A qué hora empieza la
explicación el guía?

관광

호텔 118p   식당 152p   관광 186p   쇼핑 214p   귀국 234p

12 사진   foto
[포또]

· 사진 찍으시면 안 됩니다.	**노** 에스따 뻬르미띠도 또마르 **포또스**. No está permitido tomar fotos.
· 사진 찍어도 되나요?	뿌에도 또마르 **포또스**? ¿Puedo tomar fotos?
· 사진 한 장만 찍어 줄래요?	메 뿌에데 또마르 **우나 포또**, 뽀르 파보르? ¿Me puede tomar una foto, por favor?
· 이거랑 같이 찍어 주세요.	**또메메 우나 포또** 꼰 **에스또**, 뽀르 파보르. Tómeme una foto con esto, por favor.
· 같이 사진 찍을까요?	뽀데모스 또마르노스 **우나 포또** 훈또스? ¿Podemos tomarnos una foto juntos?

13 설명

explicación
[엑스쁠리까씨온]

· 이거 설명해 주세요.
엑스쁠리께메 **에스**또, 뽀르 파보르.
Explíqueme esto, por favor.

· 설명해 주시는 분 있어요?
아이 알군 나ㄹ라**도**르?
¿Hay algún narrador?

· 한국어로 된 설명도 있어요?
띠에네 **우**나 엑스쁠리까씨**온** 엔 꼬레**아**노?
¿Tiene una explicación en coreano?

· 영어로 된 설명도 있어요?
띠에네 **우**나 엑스쁠리까씨**온** 엔 잉글**레**스?
¿Tiene una explicación en inglés?

관광

14 일정 🕐📅

horario
[오라리오]

· 이 공연 스케줄은 언제예
요?

꾸알 에스 엘 오라리오 데 에스떼
에스뻭따꿀로?
¿Cuál es el horario de este
espectáculo?

· 자세한 스케줄은 어디서
봐요?

돈데 뿌에도 베르 로스 데따예스
델 오라리오?
¿Dónde puedo ver los detalles
del horario?

· 이 스케줄이 맞아요?

에스따 비엔 에스떼 오라리오?
¿Está bien este horario?

15 출발 🧳

salida
[쌀리다]

· 출발이 언제예요?

아 께 오라 에스 라 쌀리다?
¿A qué hora es la salida?

기내 30p   공항 46p   거리 70p   택시&버스 86p   전철&기차 100p

· 출발을 조금만 늦게 하면
안 되나요?

뽀데모스 ㄹ레뜨라**싸**르 운 **뽀**꼬
라 **오**라 데 쌀리다?

¿Podemos retrasar un poco la
hora de salida?

· 출발 시간이 너무 **빨라요.**

라 **오**라 데 쌀리다 에스 데마씨**아**
도 뗌쁘라나.

La hora de salida es demasiado
temprana.

16 도착

llegada
[예가다]

· 도착이 언제예요?

아 **께 오**라 에스 라 예**가**다?

¿A qué hora es la llegada?

· 도착 시간이 너무 늦네요.

라 **오**라 데 예**가**다 에스 데마씨**아**
도 **따**르데.

La hora de llegada es
demasiado tarde.

관광

17 시티 투어

recorrido por la ciudad
[ㄹ레꼬ㄹ리도 뽀르 라 씨우닷]

· 시티 투어 하고 싶어요.

끼에로 운 ㄹ레꼬ㄹ리도 뽀르 라 씨우닷.
Quiero un recorrido por la ciudad.

· 시티 투어 예약할게요.

끼에로 ㄹ레쎄르바르 엘 ㄹ레꼬 ㄹ리도 뽀르 라 씨우닷.
Quiero reservar el recorrido por la ciudad.

· 시티 투어 자리 있어요?

께단 비예떼스 빠라 엘 ㄹ레꼬 ㄹ리도 뽀르 라 씨우닷?
¿Quedan billetes para el recorrido por la ciudad?

18 지도

mapa
[마빠]

· 지도 있어요?

띠에네 운 **마빠**?
¿Tiene un mapa?

· 시티 투어 지도 있어요?

띠에네 운 **마빠** 빠라 엘 ㄹ레꼬
ㄹ리도 뽀르 라 씨우닷?
¿Tiene un mapa para el
recorrido por la ciudad?

· 지도 좀 같이 봐도 될까요?

뽀드리아 꼼빠르**띠**르 수 **마빠** 꼰
미고?
¿Podría compartir su mapa
conmigo?

19 선물 가게

tienda de regalos
[띠**엔**다 데 ㄹ레갈로스]

· 선물 가게 어디 있어요?

돈데 **아**이 **우**나 띠**엔**다 데 ㄹ레**갈**
로스?
¿Dónde hay una tienda de
regalos?

관광

호텔 118p   식당 152p   관광 186p   쇼핑 214p   귀국 234p

· 선물 가게 멀어요?

에스**따** 레호스 데 아**끼** 라 띠**엔**다
데 ㄹ레갈로스?
¿Está lejos de aquí la tienda de
regalos?

· 기념품 사려고요.

끼**에**로 꼼쁘라르 **우**노스 ㄹ레꾸**에**
르도스.
Quiero comprar unos
recuerdos.

20 공연 🎭 espectáculo
[에스**뻭따**꿀로]

· 공연 볼 거예요.

보이 아 베르 엘 에스**뻭따**꿀로.
Voy a ver el espectáculo.

· 공연 언제 시작해요?

아 **께 오**라 엠삐**에**싸 엘 에스**뻭따**
꿀로?
¿A qué hora empieza el
espectáculo?

· 공연 언제 끝나요?

아 께 오라 떼르미나 엘 에스뻭따꿀로?

¿A qué hora termina el espectáculo?

· 공연이 취소되었습니다.

엘 에스뻭따꿀로 아 씨도 깐쎌라도.

El espectáculo ha sido cancelado.

21 예매

reserva
[ㄹ레쎄르바]

· 티켓 예매하려고요.

끼에로 아쎄르 우나 ㄹ레쎄르바.

Quiero hacer una reserva.

· 예매하면 할인되나요?

메 다 데스꾸엔또 씨 아고 라 ㄹ레쎄르바?

¿Me da descuento si hago la reserva?

관광

· 예매 안 했어요.

노 뗑고 ㄹ레쎄르바.

No tengo reserva.

22 공연 시간 🕐

duración del espectáculo
[두라씨온 델 에스뻭따꿀로]

· 공연 시간이 얼마나 되죠? 꾸안또 띠엠뽀 **두라** 엘 에스뻭**따**꿀로?
¿Cuánto tiempo dura el espectáculo?

· 공연 시간 동안 뭐 먹어도 되나요? 쎄 뿌에데 꼬메르 두란떼 엘 에스뻭**따**꿀로?
¿Se puede comer durante el espectáculo?

· 공연 시간 동안 사진 찍어도 되나요? 쎄 뿌에데 또마르 **포또**스 두란떼 엘 에스뻭**따**꿀로?
¿Se puede tomar fotos durante el espectáculo?

23 매진된 🎫 agotado
[아고따도]

· 매진되었나요?	에스**딴** 아고**따**다스 라스 엔뜨**라**다스?
	¿Están agotadas las entradas?
· 다음 공연은 몇 시예요?	아 **께** 오라 엠삐**에**싸 엘 씨기**엔**떼 에스**뻭따**꿀로?
	¿A qué hora empieza el siguiente espectáculo?
· 아예 표가 없어요?	야 노 **께**다 닝**군** 비**예**떼?
	¿Ya no queda ningún billete?
· 자리가 나면 연락 주세요.	아**비**쎄메 꾸안도 **쌀**간 비**예**떼스 깐**쎌라**도스.
	Avíseme cuando salgan billetes cancelados.

TIP 티켓을 중남미에서는 boleto[볼레또]

관광

호텔 118p   식당 152p   관광 186p   쇼핑 214p   귀국 234p

24 좌석

asiento
[아씨엔또]

· 앞 좌석으로 주세요.

데메 운 아씨엔또 엔 라스 필라스 데 델란떼.

Deme un asiento en las filas de delante.

· 뒷좌석으로 주세요.

데메 운 아씨엔또 엔 라스 필라스 데 아뜨라스.

Deme un asiento en las filas de atrás.

· 중간 좌석으로 주세요.

데메 운 아씨엔또 엔 라스 필라스 델 메디오.

Deme un asiento en las filas del medio.

· 좋은 자리로 주세요.

데메 운 부엔 아씨엔또, 뽀르 파보르.

Deme un buen asiento, por favor.

25 휴식 시간 🕐 **descanso**
[데스깐쏘]

· 휴식 시간이 언제예요? 꾸안도 에스 엘 데스**깐쏘**?
¿Cuándo es el descanso?

· 휴식 시간 있어요? **아**이 데스**깐쏘**?
¿Hay descanso?

· 휴식 시간이 몇 분이에요? 꾸안또 띠엠뽀 **두**라 엘 데스**깐쏘**?
¿Cuánto tiempo dura el
descanso?

26 자막 .Smi **subtítulo**
[쑵띠뚤로]

· 자막 있어요? 띠**에**네 쑵**띠뚤**로스?
¿Tiene subtítulos?

· 한국어 자막 있어요? 띠**에**네 쑵**띠뚤**로스 엔 꼬레**아**노?
¿Tiene subtítulos en coreano?

관광

· 영어 자막 나와요?　　　　　　띠에네 쑵띠뚤로스 엔 잉글레스?
　　　　　　　　　　　　　　　¿Tiene subtítulos en inglés?

27 금지 🚫

no
[노]

· 촬영 금지
노 포또스
No fotos

· 플래시 금지
노 플라쉬
No flash

· 진입 금지
노 엔뜨라르
No entrar

· 반려동물 금지
노 마스꼬따스
No mascotas

· 비디오 촬영 금지
노 비데오스
No videos

28 화장실 ♥♨

baño
[바뇨]

· 화장실 어디 있어요?

돈데 에스**따** 엘 **바뇨**?
¿Dónde está el baño?

· 화장실 밖으로 나가야 되나요?

에스**따** 엘 **바뇨** 아푸**에라**?
¿Está el baño afuera?

· 공연장 안에는 화장실 없어요?

노 아이 **바뇨** 덴뜨로 델 아우디**또**리오?
¿No hay baño dentro del auditorio?

TIP 공중화장실을 스페인에서는 servicio[쎄르비씨오]

관광

위급상황

· 티켓 잃어버렸어요.

에 뻬르**디**도 미 비**예**떼.

He perdido mi billete.

· 가방 잃어버렸어요.

에 뻬르**디**도 미 **볼쏘**.

He perdido mi bolso.

· 제 휴대폰 잃어버렸어요.

에 뻬르**디**도 미 뗄레포노 **모**빌.

He perdido mi teléfono móvil.

· 제 가이드를 잃어버렸어요.

에 뻬르**디**도 아 미 **기**아.

He perdido a mi guía.

· 분실물 센터가 어디예요?

돈데 에스**따** 엘 **쎈**뜨로 데 옵**헤**또
스 뻬르**디**도스?

¿Dónde está el centro de
objetos perdidos?

· 제 버스 찾아야 해요.

네쎄**씨**또 엔꼰뜨라르 미 아우또**부**스.

Necesito encontrar mi autobús.

· 공중전화 어디 있어요?

돈데 **아**이 운 뗄레포노 **뿌**블리꼬?

¿Dónde hay un teléfono
público?

관광

빨리찾아

쇼핑

쇼핑할 때

01 청바지

pantalones vaqueros
[빤딸로네스 바께로스]

· 청바지 보려고요.

끼에로 베르 우노스 빤딸로네스
바께로스.
Quiero ver unos pantalones
vaqueros.

· 반바지 있어요?

띠에네 베르무다스/쇼룻츠?
¿Tiene bermudas/shorts?

> **TIP** 무릎까지 오는 반바지를 bermudas[베르무다스]
> 무릎 위로 올라오는 반바지를 shorts[쇼룻츠]

02 후드

sudadera
[쑤다데라]

· 후드 티 종류 보려고요.

끼에로 베르 우나스 쑤다데라스.
Quiero ver unas sudaderas.

쇼핑

· 후드 티 어디 있어요?

돈데 에스딴 라스 쑤다데라스?
¿Dónde están las sudaderas?

· 트레이닝 상의 있어요?

띠에네 쑤다데라스 데 데뽀르떼?
¿Tiene sudaderas de deporte?

TIP 트레이닝 상의를 뜻하는 동의어로는 sudadera de chándal[쑤다데라 데 찬달]

---

03 셔츠

camisa
[까미싸]

· 셔츠 보려고요.

끼에로 베르 우나스 까미싸스.
Quiero ver unas camisas.

· 줄무늬 셔츠 볼게요.

끼에로 베르 우나스 까미사스 데 ㄹ라야스.
Quiero ver unas camisas de rayas.

· 넥타이도 볼 거예요.

끼에로 베르 우나스 꼬르바따스, 땀비엔.
Quiero ver unas corbatas, también.

---

04 치마

falda
[팔다]

· 치마 보려고요.

끼에로 베르 우나스 **팔**다스.
Quiero ver unas faldas.

· 긴 치마 있어요?

띠에네 **팔**다스 **라르**가스?
¿Tiene faldas largas?

· 짧은 치마 있어요?

띠에네 **팔**다스 **꼬르**따스?
¿Tiene faldas cortas?

05 입어/ 신어볼게요

quiero probarme
[끼에로 쁘로바르메]

· 이거 입어/신어볼게요.

끼에로 쁘로바르메 **에스**또.
Quiero probarme esto.

· 다른 거 입어/신어볼게요.

끼에로 쁘로바르메 **오**뜨로.
Quiero probarme otro.

쇼핑

06 피팅룸

probador
[쁘로바도르]

· 피팅룸 어디예요?

돈데 에스**따** 엘 쁘로바**도**르?
¿Dónde está el probador?

· 피팅룸 못 찾겠어요.

노 엔꾸**엔**뜨로 엘 쁘로바**도**르.
No encuentro el probador.

· 이걸로 할게요.

메 **예**보 에스**또**.
Me llevo esto.

07 사이즈

talla
[따야]

· 사이즈가 어떻게 되세요?

께 **따**야 띠에네?
¿Qué talla tiene?

· 커요.

에스 그란데.
Es grande.

· 작아요.

에스 뻬께뇨.
Es pequeño.

· 더 큰 걸로 주세요.

끼에로 우노 마스 그란데.
Quiero uno más grande.

· 더 작은 걸로 주세요.

끼에로 우노 마스 뻬께뇨.
Quiero uno más pequeño.

08 지역

localidad
[로깔리닷]

· 이 지역에서 유명한 게 뭐 예요?

께 에스 로 마스 파모쏘 데 에스따 로깔리닷?
¿Qué es lo más famoso de esta localidad?

09 포장

envoltura
[엔볼뚜라]

· 포장해 주세요.

로 뿌에데 엔볼베르, 뽀르 파보르?
¿Lo puede envolver, por favor?

· 포장하는데 돈 들어요?

네쎄씨또 빠가르 빠라 엔볼베를로?
¿Necesito pagar para envolverlo?

쇼핑

10 추천 👍

recomendación
[ㄹ레꼬멘다씨온]

· 추천할 만한 선물 있어요?

알구나 ㄹ레꼬멘다씨온 빠라 ㄹ레
갈라르?

¿Alguna recomendación para
regalar?

· 부모님 선물 추천해 주세요.

ㄹ레꼬미엔데메 운 ㄹ레갈로 빠라
미스 빠드레스, 뽀르 파보르.

Recomiéndeme un regalo para
mis padres, por favor.

· 남자친구 선물 추천해
주세요.

ㄹ레꼬미엔데메 운 ㄹ레갈로 빠라
미 노비오, 뽀르 파보르.

Recomiéndeme un regalo para
mi novio, por favor.

· 여자친구 선물 추천해
주세요.

ㄹ레꼬미엔데메 운 ㄹ레갈로 빠라
미 노비아, 뽀르 파보르.

Recomiéndeme un regalo para
mi novia, por favor.

11 지불 **pago**
[빠고]

· 지불은 어떻게 하시겠어요? | **꼬**모 끼에레 아쎄르 쑤 **빠**고?
¿Cómo quiere hacer su pago?

· 신용카드 되나요? | 아**쎕**따 따르헤따스 데 끄**레**디또?
¿Acepta tarjetas de crédito?

· 현금으로 할게요. | **보**이 아 빠가르 엔 에펙**띠**보.
Voy a pagar en efectivo.

12 할인 **descuento**
[데스꾸엔또]

· 할인되나요? | **아**이 데스꾸엔또?
¿Hay descuento?

쇼핑

13 세일 SALE

rebaja
[ㄹ레바하]

· 이거 세일해요?

에스또 에스따 ㄹ레바하도?
¿Esto está rebajado?

· 이건 세일 품목이 아닙니다.

에스또 노 에스따 ㄹ레바하도.
Esto no está rebajado.

14 영수증

recibo
[ㄹ레씨보]

· 영수증 드릴까요?

끼에레 쑤 ㄹ레씨보?
¿Quiere su recibo?

· 영수증 주세요.

끼에로 엘 ㄹ레씨보.
Quiero el recibo.

15 둘러보다 😎 **mirar**
[미라르]

· 그냥 보는 거예요.

쏠로 에스**또**이 미란도.
Solo estoy mirando.

· 도움이 필요하면 부를게요.
감사해요.

레 아비쏘 꾸안도 네쎄씨떼 쑤 아
유다. 그라씨아스!
Le aviso cuando necesite su
ayuda. ¡Gracias!

16 이거 있어요? 🤚 **¿tiene esto?**
[띠에네 에스또?]

· 다른 거 있어요?

띠에네 **오**뜨로?
¿Tiene otro?

· 색깔 다른 거 있어요?

띠에네 에스또 데 **오**뜨로 꼴로르?
¿Tiene esto de otro color?

· 큰 거 있어요?

띠에네 **우**노 마스 그란데?
¿Tiene uno más grande?

쇼핑

호텔 118p   식당 152p   관광 186p   쇼핑 214p   귀국 234p

· 작은 거 있어요?

띠에네 **우노** 마스 뻬께뇨?
¿Tiene uno más pequeño?

17 향수

perfume
[뻬르푸메]

· 향수 보려고요.

끼에로 베르 뻬르푸메스.
Quiero ver perfumes.

· 이거 시향해 볼게요.

끼에로 쁘로바르메 에스또.
Quiero probarme esto.

· 달콤한 향 있어요?

띠에네 **우노** 데 프라**간**씨아 둘쎄?
¿Tiene uno de fragancia dulce?

· 상큼한 향 있어요?

띠에네 **우노** 데 프라**간**씨아 프레스까?
¿Tiene uno de fragancia fresca?

기내 30p   공항 46p   거리 70p   택시&버스 86p   전철&기차 100p

18 화장품

cosméticos
[꼬스메띠꼬스]

· 화장품 보려고요.

끼에로 베르 **꼬스메띠꼬스**.
Quiero ver cosméticos.

· 화장품 코너 어디예요?

돈데 에스**따** 라 **쎅시온** 데 **꼬스메
띠꼬스**?
¿Dónde está la sección de
cosméticos?

19 시계 ⏰

reloj
[ㄹ렐로흐]

· 손목시계 보려고요.

끼에로 베르 **ㄹ렐로헤스**.
Quiero ver relojes.

· 남성용으로요.

빠라 옴브레, 뽀르 파**보르**.
Para hombre, por favor.

· 여성용으로요.

빠라 무헤르, 뽀르 파**보르**.
Para mujer, por favor.

쇼핑

20 가방 🐱

bolso
[볼쏘]

· 숄더백 보여 주세요.

무에스뜨레메 **우노스 볼쏘스** 데 **옴브로**, 뽀르 파보르.
Muéstreme unos bolsos de hombro, por favor.

· 토트백 보여 주세요.

무에스뜨레메 **우노스 볼쏘스** 데 **마노**, 뽀르 파보르.
Muéstreme unos bolsos de mano, por favor.

· 지갑 보여 주세요.

무에스뜨레메 까르**떼라스**, 뽀르 파보르.
Muéstreme carteras, por favor.

21 주류 🍷

licor
[리꼬르]

· 술은 어디서 사요?

돈데 뿌에도 꼼쁘라르 리꼬레스?
¿Dónde puedo comprar licores?

· 위스키 보여 주세요.　　　　　무에스뜨레메 **위스끼스**, 뽀르 파
　　　　　　　　　　　　　　　보르.
　　　　　　　　　　　　　　　Muéstreme whiskys, por favor.

· 와인 보여 주세요.　　　　　　무에스뜨레메 **비노스**, 뽀르 파**보**
　　　　　　　　　　　　　　　르.
　　　　　　　　　　　　　　　Muéstreme vinos, por favor.

· 제가 몇 병 살 수 있어요?　　　꾸안따스 보떼야스 메 뿌에도 예
　　　　　　　　　　　　　　　바르?
　　　　　　　　　　　　　　　¿Cuántas botellas me puedo
　　　　　　　　　　　　　　　llevar?

TIP　스페인어권에서 대표적인 술: 멕시코의 tequila[떼낄라], 페루의 pisco[삐스꼬],
　　　콜롬비아의 aguardiente[아구아르디엔떼]

22 깨지기 쉬운 💥　　frágil
　　　　　　　　　　　　　[프라힐]

· 이거 깨지기 쉬워요.　　　　　**에스또** 에스 프라힐.
　　　　　　　　　　　　　　　Esto es frágil.

· 잘 포장해 주세요.　　　　　　엔부**엘**발로 비엔, 뽀르 파**보**르.
　　　　　　　　　　　　　　　Envuélvalo bien, por favor.

쇼핑

위급상황

<table>
<tr><td>01</td><td>돈 냈어요</td><td>ya he pagado
[야 에 빠가도]</td></tr>
<tr><td>02</td><td>교환하다</td><td>cambiar
[깜비아르]</td></tr>
<tr><td>03</td><td>환불</td><td>devolución
[데볼루씨온]</td></tr>
<tr><td>04</td><td>너무 작은</td><td>demasiado pequeño
[데마씨아도 뻬께뇨]</td></tr>
<tr><td>05</td><td>너무 큰</td><td>demasiado grande
[데마씨아도 그란데]</td></tr>
<tr><td>06</td><td>안 맞아요</td><td>no me entra
[노 메 엔뜨라]</td></tr>
</table>

· 이미 돈 냈어요!

야 에 빠가도!

¡Ya he pagado!

· 내 잘못이 아니에요.

노 에스 미 꿀빠.

No es mi culpa.

· 확인해 보셨어요?

야 로 아 ㄹ레비싸도?

¿Ya lo ha revisado?

· 경찰을 불러줘요.

야메 알 라 뽈리씨아, 뽀르 파보르.

Llame a la Policía, por favor.

· 대사관에 전화하겠어요.

끼에로 아쎄르 우나 야마다 알 라
엠바하다.

Quiero hacer una llamada a la
embajada.

· 교환하고 싶어요.

끼에로 깜비아르 에스또.

Quiero cambiar esto.

· 영수증 있으세요?

띠에네 엘 ㄹ레씨보?

¿Tiene el recibo?

쇼핑

· 어떤 걸로 교환하시겠어요?

뽀르 꾸알 로 끼에레 깜비아르?
¿Por cuál lo quiere cambiar?

· 고장났어요.

노 푼씨오나.
No funciona.

· 흠이 있어요.

띠에네 **우나 파**야.
Tiene una falla.

· 사이즈 때문에요.

뽀르 라 **따**야.
Por la talla.

· 이거 환불하고 싶어요.

끼에로 아쎄르 라 데볼루씨온 데 에스또.
Quiero hacer la devolución de esto.

· 왜 환불하려고 하세요?

뽀르 **께** 끼에레 아쎄르 라 데볼루씨온?
¿Por qué quiere hacer la devolución?

· 결제하셨던 카드 있으세요?	띠에네 라 따르헤따 꼰 라 께 로 빠고? ¿Tiene la tarjeta con la que lo pagó?
· 너무 커요. 작은 걸로 바꿔주세요.	에스 데마씨아도 그란데. 끼에로 우노 마스 뻬께뇨. Es demasiado grande. Quiero uno más pequeño.
· 너무 작아요. 큰 걸로 바꿔주세요.	에스 데마씨아도 뻬께뇨. 끼에로 우노 마스 그란데. Es demasiado pequeño. Quiero uno más grande.
· 이거 안 맞아요.	노 메 엔뜨라. No me entra.
· 다른 걸로 주세요.	데메 오뜨로, 뽀르 파보르. Deme otro, por favor.

쇼핑

빨리찾아

귀국할 때

01 확인하다

confirmar
[꼰피르마르]

- 제 비행기 확인하려고요.
  끼에로 꼰피르마르 미 부엘로.
  Quiero confirmar mi vuelo.

- 제 티켓 확인하려고요.
  끼에로 꼰피르마르 미 비예떼.
  Quiero confirmar mi billete.

- 제 자리 확인하려고요.
  끼에로 꼰피르마르 미 아씨엔또.
  Quiero confirmar mi asiento.

TIP 티켓을 중남미에서는 boleto[볼레또]

02 변경하다

cambiar
[깜비아르]

- 제 비행기 변경하려고요.
  끼에로 깜비아르 미 부엘로.
  Quiero cambiar mi vuelo.

· 제 티켓 변경하려고요.　　끼에로 깜비아르 미 비예떼.
　　　　　　　　　　　　　Quiero cambiar mi billete.

· 제 자리 변경하려고요.　　끼에로 깜비아르 미 아씨엔또.
　　　　　　　　　　　　　Quiero cambiar mi asiento.

03 제한 límite
[리미떼]

· 중량 제한이 얼마예요?　　꾸알 에스 엘 리미떼 데 뻬쏘?
　　　　　　　　　　　　　¿Cuál es el límite de peso?

· 기내 중량 제한은요?　　　꾸안또스 낄로스 데 에끼빠헤 뿌
　　　　　　　　　　　　　에도 예바르?
　　　　　　　　　　　　　¿Cuántos kilos de equipaje
　　　　　　　　　　　　　puedo llevar?

04 연착 retraso
[ㄹ레뜨라쏘]

· 비행기가 연착되었습니다.　엘 부엘로 아 씨도 ㄹ레뜨라싸도.
　　　　　　　　　　　　　El vuelo ha sido retrasado.

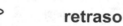

· 얼마나 기다려요?	꾸안또 띠엠뽀 데보 에스뻬라르?
	¿Cuánto tiempo debo esperar?
· 다른 비행기로 바꿀 수 있어요?	뿌에도 깜비아르 미 부엘로?
	¿Puedo cambiar mi vuelo?

05 환승

transbordo
[뜨란스보르도]

· 저 환승 승객인데요.	쏘이 빠싸헤로/라 엔 뜨란스보르도.
	Soy pasajero/a en transbordo.
· 환승 라운지 어디예요?	돈데 에스따 라 살라 빠라 에스뻬라르 엘 뜨란스보르도?
	¿Dónde está la sala para esperar el transbordo?
· 경유해서 인천으로 가요.	아고 뜨라스보르도 빠라 이르 아 인천.
	Hago transbordo para ir a Incheon.

위급상황

· 제 항공권을 잃어버렸어요.　에 뻬르디도 미 비예떼 데 부엘로.
　　　　　　　　　　　　　　 He perdido mi billete de vuelo.

· 제 여권을 잃어버렸어요.　　에 뻬르디도 미 빠싸뽀르떼.
　　　　　　　　　　　　　　 He perdido mi pasaporte.

· 제 비행기를 놓쳤어요.　　　에 뻬르디도 미 부엘로.
　　　　　　　　　　　　　　 He perdido mi vuelo.

· 다음 비행 편은 언제예요?　꾸안도 에스 엘 씨기엔떼 부엘로?
　　　　　　　　　　　　　　 ¿Cuándo es el siguiente vuelo?

· 다른 항공사도 상관없어요.　노 메 임뽀르따 비아하르 꼰 우나
　　　　　　　　　　　　　　 아에롤리네아 디페렌떼.
　　　　　　　　　　　　　　 No me importa viajar con una
　　　　　　　　　　　　　　 aerolínea diferente.

· 얼마나 추가 요금이 붙는데　꾸안또 에스 엘 꼬스떼 아디씨오
　요?　　　　　　　　　　　날?
　　　　　　　　　　　　　　 ¿Cuánto es el coste adicional?